생각이
너무 많은
나에게

생각이
너무 많은
나에게

변지영 지음

후회와 불안에서 벗어나 지금을 살기 위한

심리학자의 마음 수행 가이드

오아시스
Oasis

나는 왜 이렇게 생각이 많을까?

흔히 우리는 짜증, 화, 두려움, 열등감, 시기심, 죄책감 등의 불쾌한 감정을 '극복'의 대상으로 바라봅니다. 나쁜 감정이나 생각은 없애고 좋은 생각으로 대체해야 하는 것이죠. 긍정적인 생각과 감정을 갖고 있어야 주변에 좋은 사람들이 모이고, 일도 잘 풀린다고 믿습니다. 걸핏하면 짜증을 내거나 불평불만을 늘어놓으며 어둠의 그림자에 잠겨 있는 사람은 누구나 피하고 싶어 하죠. 그래서 우리 자신도 생산적인 생각, 긍정적인 감정, 밝은 얼굴을 가지려고 노력합니다. 세상일을 내 뜻대로 할 수는 없지만 '모든 것은 마음에 달려' 있고 '마음만은 내 몫'이라고 믿기 때문에 마음에서 일어나는 것들을 바꾸거나 통제하려 합니다. 그래서 생각이 많아집니다. 생각을 잘해서 부정적인 것이나 불쾌한 것들은 얼른 털어내고 경험을 통제하면 삶이 더 좋아질 거라 생각하죠.

그런데 정말 생각으로 마음을 바꿀 수 있는 것일까요? 이 책은 '아니'라고 말합니다. 오히려 마음을 바꾸려는 억지스런 노력이 우울, 불안, 강박, 공황장애 등을 일으킬 수 있지요. 지나치게 많은 생각은 오히려 인지 기능을 떨어뜨리고 현실의 문제들에 대처할 수 있는 에너지를 빼앗아 갑니다. 마음의 원리를 모르기 때문에 계속 생각만 하는 것입니다. 그렇다면 마음이란 과연 무엇일까요? 정신의학자 쇼마 모리타의 설명[1]을 들어보겠습니다.

"마음이라는 것은 항상 흐르고 변하는 것으로 고정된 실체가 없다. 불타는 나무가 고정된 형태를 갖지 않듯 마음도 계속 변화하며 움직인다. **마음은 이렇게 안팎의 사건들 사이에 있다. 마음은 나무도 아니요, 산소도 아니다. 불타는 현상, 그것이 마음이다.**"

'불타는 현상이 마음'이라는 것은 무엇을 의미할까요? 간단한 예를 하나 살펴보겠습니다. 가을철 날이 건조해서 바짝 말라 있는 나뭇가지에 담배꽁초의 불이 옮겨붙었습니다. 담배를 떨어뜨린 사람은 산불을 일으키려는 의도가 없었습니다. 하지만 불은 삽시간에 옮겨붙어 1시간 만에 산 하나를 태워버리기도 하죠. 산불을 일으킨 주범은 담배를 피우던 사람이죠. 하지만 그 사람 혼자서 산불을 일으킬 수는 없습니다. 건조한 날씨, 나뭇가지들, 산소, 바람 등 모든 조건이 맞아떨어져야 불타는 현상이 일어나죠. 불이 일단 붙기 시작하면 통제는 어렵습니다. 여러 가지 변수와 조건들이 맞물려 있기 때문이죠. 불을 일으킨 주범, 즉 담배를 피우던 사람이 그냥 끄면 될 일일까요? 아니죠. 그것이 가능하지 않기 때문에 수십 명의 소방관과 차량, 헬기 등이 동원됩니다. 바람이 강하게 불면 몇 시간이 아니라 며칠이 걸리기도 합니다. 마음을 통제하려는 시도는 이와 같습니다. 불을 일으키는 것도, 끄는 것도 혼자 하는 것이 아닌데 마치 혼자 할 수 있는 것처럼 착각하기 때문에 생각을 계속 돌리게 됩니다.

마음에 대한 또 다른 정의를 한번 들여다보겠습니다. 삶과 죽음에 대한 명쾌한 설명이 담겨 있는 책《티벳 사자의 여행 안내서》[2]에서는 이렇게 설명하고 있습니다.

"있는 그대로의 우리와 우리가 있는 그곳이 마음이다. 마음은 태어난 적 없고, 멈춤도 없기 때문에 그대로 남아 있다. 마음은 우리의 시간과 공간 개념을 초월하기 때문에 그대로 남아 있다. 우리에게 내재된 경계 없는 지혜와 자비의 온전한 소유권을 되찾아 청정하고 자유로운 우리의 본성을 깨달을 때까지 여행을 그치지 않는 이 육신 속의 손님, 그것이 바로 마음이다."

마음을 '육신 속의 손님'이라고 했습니다. 내가 만들거나 바꾸거나 움직이는 것이 아니라 통제할 수 없는 '손님'이라는 것이죠.

몸의 움직임은 어느 정도 내 의도대로 바꾸거나 통제할 수 있으나 마음의 움직임은 그렇지 않다는 것입니다. 왜 그럴까요? 마음은 어떤 하나의 실체가 아니라 관계와 관계 사이에서 일어나는 현상이기 때문이기도 하고요. 내 생각으로 헤아릴 수 없는 광대한 것이기 때문이기도 합니다. 끝이 보이지 않는 하늘이나 바다와 같은 것이죠. 하늘과 바다의 풍경을 내 의지로 바꿀 수 있나요? 그럴 필요도 없죠. 마음의 움직임을 바꾸는 것은 가능하지 않습니다. 다만 내가 일으키는 것을 보고 멈추는 것은 가능하죠. 몸의 움직임이 어떤 생각이나 감정을 더 많이 일으키는지 보는 것도 가능합니다. 내가 내 몸을 어떻게 쓰고 있는지, 먹고, 자고, 걷고 움직이며 세상을 만나는 매 순간에 무엇을 일으키는지 봅니다. 누군가를 만나서 좋거나 싫거나 하는 감정이 일어나는 것을 보고, 어떤 것에 매달리려 하고 어떤 것은 피하려 하는지를 봅니다.

불이 일단 일어나면 혼자서 끄기는 어렵습니다. 하지만 건조한 날씨와 마른 가지들을 유념하고 불씨를 가져가지 않는 것은 가능합니다. 불이 잘 일어나는 때와 장소를 아는 것은 나의 몫이죠. 타인의 행동을 내게 거슬리지 않는 방향으로 통제할 수는 없습니다. 하지만 누군가의 말을 곱씹거나 예상하면서 불쾌한 감정을 일으키는 것은 내가 하는 일이니 하지 않을 수도 있지요. 생각에 생각을 거듭하며 걱정이나 후회, 불안이나 원망을 일으키는 것은 스스로 작은 불씨에 석유를 붓는 일과 같습니다.

과도한 생각의 가장 대표적인 유형은 반추(rumination)입니다. 반추는 부정적인 감정 상태에 있을 때, 그 원인으로 짐작되는 고통스러운 과거 사건에 대해 반복적으로 생각하는 현상을 말합니다. '그러지 말았어야 했는데', '그 일 때문이야' 혹은 '할 수 있었는데', '그때 꼭 해야 했는데' 등 사실과 다른 가정을 떠올리면서 후회나 죄책감을 느끼는 경우가 대부분입니다. 뭔가가 잘못되거나 계획대로 되지 않으면 자신을 탓하거나 타인을 원망합니다. 그래서 우울해지기 쉽습니다. 반추의 가장 커다란 특징은 생각의 방향이 모두 과거를 향해 있고, 과거에 대한 생각에 갇혀 있다는 것이죠.

반추가 과거에 갇혀 있는 것이라면, 미래에 대한 생각으로 시달리는 것은 걱정(worry)입니다. 물론 걱정을 전혀 하지 않는 사람은 없습니다. 지나치게 많이 하는 것이 문제죠. 아직 일어나지 않은 일에 대해 너무 많이 생각하고, 어떤 상황에 대비하기 위해 가능한 모든 시나리오를 떠올리며 계획을 세우는 데 지나치게 많은 에너지를 쓰는 경우가 이에 해당합니다. 걱정을 과도하게 하는 분들은 시험에 합격하거나 목표를 달성해 다른 사람들로부터 축하를 받더라도, 다음 일에 대한 마음의 대비를 하느라 기쁨을 느끼지 못합니다. 아직 완료되지 않은 일에 대해 계속 생각하면서 잘하지 못할 것에 대한 두려움과 긴장을 마음속에 깔고 있기 때문에 늘 불안한 느낌을 갖고 살아갑니다.

과도한 생각은 이처럼 과거나 미래로 주의가 쏠려 있는 것입니다. 그래서 현재 내가 하고 있는 일에 필요한 만큼 주의를 충분히 기울이지 못하게 됩니다. 그럼에도 불구하고 왜 생각에서 놓여나기가 힘든 걸까요? 나름의 기능이 있기 때문입니다. 과도한 생각은 대개, 불편하거나 불쾌한 경험을 통제하려는 감정조절 전략으로 쓰입니다. 지금 느끼는 부정적 감정의 원인을 찾아내어 분석을 하고 결과를 예측하면, 마치 내가 상황을 통제할 수 있을 것 같은 착각을 불러일으키기 때문입니다. 물론 부작용이 훨씬 큰 전략이어서, 부정적 감정을 있는 그대로 받아들이거나 그 의미를 다른 맥락에서 재해석하는 방법 등 보다 나은 전략으로 대체하는 것을 전문가들은 권합니다.[3]

그러니 '생각이 많아서 괴로우니 생각을 그만해.' 얘기해도 소용없는 것이죠. 그 생각이 과연 무엇을 보완하거나 가리기 위한 것인지, 그와 연결된 감정이나 경험을 들여다볼 필요가 있습니다. '주의'의 문제라면 주의 훈련을 하면 됩니다. '감정'의 문제라면 감정을 마주하고 그 안으로 들어가 보면 되지요. 더 나아가, 생각을 효과적으로 잘하려면 수행을 해야 합니다. 삶과 죽음이 어떻게 연결되어 있는지, 나와 타인 혹은 이 일과 저 일이 어떻게 연결되어 있는지 알아가는 것이 수행입니다. 우리가 모두 하나씩 갖고 있는 것, 이 몸을 어떻게 하면 충분히 잘 쓸 수 있을까요? 생각 감옥에서 탈출하려면 출구로 안내하는 지도를 갖고 있어야 겠지요. 전체 그림을 봐야 합니다. 그럼 지금부터 하나씩 살펴보도록 하겠습니다.

차례

프롤로그 나는 왜 이렇게 생각이 많을까? • 05

1부. 생각 감옥에 갇혀 있는 나에게

1장 질문_ 그 생각들은 과연 무엇을 위한 것일까?

마음이 지어내는 스토리   • 21
분노 폭발에는 드라마가 숨어 있다   • 23
내가 덧붙인 것은 무엇인가   • 26
마음은 무한   • 30
푸쉬 워터 게임기   • 34
나, 나, 나!   • 37
어떤 것도 사라지지 않는다   • 41

2장 습관_ 나는 무엇을 모르고 있는 것일까?

신경증과 지혜의 다섯 가지 짝   • 47
피로와 조급함   • 52
만성 불안과 공허함   • 55
내가 반응하는 방식   • 59
오해와 오류   • 63
이미지와 이야기   • 66
판단과 경험   • 71

3장 관계_ 내가 모든 존재와 연결되어 있다는 것은 무슨 뜻일까?

절호의 기회	• 77
피하려 할수록 돌아오는 문제	• 82
억지로 만들어내는 자기 이미지	• 85
위기의 진짜 의미	• 89
증상과 뿌리	• 95
어려움 한가운데로 들어가 앉기	• 98
집착에 대하여	• 102
안락함에 대한 의존	• 106

2부. 생각 감옥에 갇힌 당신을 위한 마음 수행 가이드

4장 통찰_ 내게 있어서 '밝음'은 무엇인가?

삶을 관통하는 수행이 필요할 때	• 115
잘 죽는 기술	• 120
날숨 연습	• 124
있는 그대로	• 127
관계와 통찰	• 130
자기 주제 탐구하기	• 134

5장 수행_ 어떻게 하는 것일까?

준비　　　　　　　　　　　　　　　　　　　　　　• 141
수행 1단계: 이완　　　　　　　　　　　　　　　　• 146
흔히 겪는 어려움　　　　　　　　　　　　　　　　• 149
뭔가 불안하고 집중이 안 될 때　　　　　　　　　• 152
앉기만 하면 졸음이 쏟아질 때　　　　　　　　　• 155
불편함과 거슬림에 대한 대처　　　　　　　　　　• 157

6장 문제_ 내가 회피하거나 인정하지 않으려는 것이 있나?

힘들 때 할 수 있는 간단한 자기 돌봄　　　　　• 163
몸에서 감정을 느낀다　　　　　　　　　　　　　• 166
고통스런 경험과 관계 맺기　　　　　　　　　　　• 170
몸 전체에 대한 알아차림　　　　　　　　　　　　• 173

7장 고요_ 이 순간, 가만히 머무르지 못하도록 나를 가장 방해하는 것은 무엇인가?

신체 감각 활용하기　　　　　　　　　　　　　　• 179
수행 2단계: 몸과 마음이 하나 됨　　　　　　　• 182
몸 어딘가가 아플 때　　　　　　　　　　　　　　• 185
그럴 땐 그런 대로　　　　　　　　　　　　　　　• 187

8장 역경_ 나를 가장 힘들게 하는 상황, 웬만하면 피하고 싶은 일은 어떤 것인가?

수행 3단계: 자기와 주변 환경이 하나 됨 ・193
집착 다루기 ・195
화 다루기 ・198
우울 다루기 ・204
극복이 아니라 이해 ・207
기쁨과 어려움 모두에 대해 마음을 여는 것 ・210

9장 파도_ 내가 가장 주의해야 하는 생각 습관은 어떤 것인가?

수행 4단계: 고요히 빛남 ・215
가짜 명상 ・218
바른 집중 ・221
지관타좌 ・224
차창 밖 풍경 ・227
매일의 수행 ・230

에필로그 잘 죽고 잘 사는 법 ・233
주석 ・239

1부

생각 감옥에
갇혀 있는 나에게

1장 질문_
그 생각들은 과연 무엇을 위한 것일까?

"인간의 마음은 놀라운 스토리텔러다.
생각과 감정, 감각이라는 실을 가지고
우리 자신과 삶에 관한 이야기들을 끊임없이 엮어낸다.
이러한 마음의 측면은 분명 유용한 데가 있다.
하지만 어떤 순간에도 결코 전체 스토리를 들려주지는 못한다."[4]

_앤드리아 마틴

마음이 지어내는 스토리

아리따운 딸을 둔 중년의 남자가 있었습니다. 사랑하는 가족들의 얼굴을 떠올리며 부지런히 집으로 돌아가고 있던 길에, 한 청년이 다가와 라이터를 빌려달라고 했습니다. 남자의 머릿속에는 이런 연상이 피어오릅니다.

'이 청년, 인상은 나쁘지 않군. 라이터를 빌려주면 고맙다고 하면서 내게 더 다가오려 할 거야. 그래서 나랑 친해지겠지? 친해지면 우리 집에 와서 차 한잔하겠다고 하게 될 거고 집에 와서 우리 딸을 보고는 사랑에 빠지게 될 거야. 외모가 괜찮으니 우리 딸도 이놈을 좋다고 하겠군. 이런 놈과 우리 딸이 결혼하게 된다? 안 돼. 절대 그럴 순 없어.'

중년의 남자는 라이터를 빌려달라는 청년에게 벌컥 화를 냅니다.

"절! 대! 안! 돼! 네!"

담뱃불 좀 빌려달라고 다가온 청년에게 남자는 불같이 화를 내며 황급히 걸어갑니다. 그 청년의 표정이 어떠했을지 상상이 가시나요?

어렸을 적에 읽었던 어느 단편 소설의 내용입니다. 작가도, 작품명도 기억이 나질 않지만 줄거리만큼은 선명하게 뇌리에 박혀 있네요. 아마 초등학생 때였던 것 같은데요. 그때도 읽고 나서 참 재미있다고 생각했던 것 같습니다. 이 남자에 대해 어떻게 생각하시나요? 상상이 좀 지나치다고요? 과대망상이라고요?

물론 작가가 인간의 이런 경향성을 해학적으로 드러내기 위해 압축해서 보여주다 보니, 다소 과장된 면은 있습니다. 하지만 이런 경향성은 우리의 일반적인 사고 패턴과 매우 유사합니다. 어떤 사람은 이런 연상을 좀 덜 일으키고, 어떤 사람은 많이 일으킨다는 차이가 있을 뿐이지요. 대체로 우리가 이렇게 생각에 생각을 덧붙이며 생각 속에서 살아갑니다.

분노 폭발에는 드라마가 숨어 있다

이번에는 일상적으로 흔히 발견되는 사례를 예로 들어볼게요. 엄마가 하교한 아들에게 숙제를 하라고 했습니다. 아이는 핸드폰 게임을 30분만 하고 나서 숙제를 한다고 했지요. 엄마는 마지못해 그러라고 했습니다. 회사에서 피곤한 몸으로 돌아온 엄마는 부지런히 아이의 저녁 식사를 준비합니다. 그러다 보니 1시간이 훌쩍 지났습니다. 엄마가 아이에게 다가가 숙제를 했는지 물어보자, 아이는 핸드폰에 정신이 팔려 듣지도 못합니다. 엄마는 벌컥 화를 냅니다.

"너, 내가 몇 번 말했어! 숙제부터 하고 게임하라고 했지! 엄마가 매번 이렇게 와서 말해주고 감시하고 그래야 해? 왜 너는 주도적으로 하지를 못해!"

자기 일을 좀 척척 알아서 해주면 좋으련만, 왜 아이는 엄마에게 과제를 더 많이 만들어주는 것일까요. 그러잖아도 회사 일에 하루 종일 시달리고 돌아온 엄마는, 차곡차곡 쌓아두었던 화를 이기지 못하고 분노의 에스컬레이터에 올라탑니다.

"너 그리고 어제도 수행평가 있다는 거 왜 말 안 했어! 미리미리 좀 챙기라고 했지! 도대체 엄마가 어디까지 챙겨야 되니! 이렇게 자기 관리가 안 돼서 나중에 어떻게 살려고 그래! 너 엄마 무시하는 거야? 세상이 그렇게 만만해 보여?"

비난을 퍼부어대고는 그래도 분이 풀리지 않은 엄마는 그릇도 팍! 숟가락도 탁! 의자도 쾅! 쾅! 내려놓습니다.

지금 이곳에서 실제로 일어난 일은 무엇입니까? '엄마는 핸드폰 게임을 30분만 하고 숙제를 하라고 했는데 아이는 1시간 동안 게임을 하느라 숙제를 아직 하지 않았다'는 것입니다. 흔히 일어나는, 아주 단순한 사건이지요. 그런데 엄마의 마음 안에 일어난 일은 무엇입니까? '아들 하나 있는 거, 남들 다 한다는 자기 주도 학습도 못하고 그저 핸드폰 게임만 하려고 한다. 자기 관리가 안 되어서 나중에 제대로 된 어른이 되지 못할까 봐 걱정이다. 그러지 않아도 내가 회사일에 치여서 힘들어 죽겠는데 저놈의 아들마저 내게 숙제를 더 안겨준다. 왜 나는 열심히 살고 있는데 다들 나를 괴롭히지 못해서 난리일까? 왜 각자 알아서 자기 일을 하지 못할까? 도대체 나한테 무슨 문제가 있는 걸까? 저 아이는 내 말을 왜 이렇게 안 들어먹을까, 도대체 뭐가 문제일까?' 아마 이런 방대한 드라마가 엄마의 마음에 펼쳐졌을 것입니다. 엄마에게 무슨 문제가 있는 것이 아닙니다. 아이에게 무슨 문제가 있는 것도 아니지요. 문제는 오직 '드라마'에 있을 뿐입니다.

앞에서 얘기했던 소설 속에서 실제 일어난 일은 '아저씨, 저 라이터 좀 빌려주세요'였지만 그 아저씨는 연상에 연상을 거듭해 엄청난 소설을 순식간에 써 내려갔듯, 우리 일상에도 이처럼 실제 일어난 일에 생각을 덧붙여 걱정과 불안이 치솟는 현상이 자주 벌어집니다.

내가 덧붙인 것은 무엇인가

지금 여기에서 직접 벌어지는 일이 10이라면 우리는 생각 속에서 그것을 100으로 키워내면서 걱정하고, 실망하고, 슬퍼하고, 분노하고, 피해의식에 휩싸이거나 적개심으로 활활 타오릅니다. 혹은 정반대로 기대감에 부풀어 기뻐하며 흥분하기도 하지요. '감정이 치솟는다, 감정에 휩싸인다'고 느낄 때에는 '내가 과연 무엇을 100으로 만들었나, 실제 일어난 10은 무엇이고, 내가 덧붙인 90은 무엇인가'를 알아차려야 합니다. 외부 대상이나 사건이 여러분을 흥분시키는 것이 아닙니다. 일어난 일 자체가 아니라 그에 대한 생각과 감정, 해석과 판단이 여러분의 감정을 증폭시키는 것입니다. 그러니 내 반응을 일으키는 트리거 혹은 생각을 증폭시키는 연결고리들을 알아차린다면 자신의 반응을 멈출 수도, 바꿀 수도 있습니다. 이것을 정확히 알지 못하면 아무리 마음을 다잡아도 행동이 바뀌기는 어렵습니다.

처음에는 일어난 일과 내 반응이 한 덩어리처럼 생각되어, 무엇이 10이고 무엇이 90의 영역인지 구별이 잘 되지 않지요. '아이가 자기 일을 제대로 못하면서 내 말도 안 들으니까 내가 화를 내는 거지!'처럼 자기 반응을 당연하다고 여깁니다. 하지만 정신을 바짝 차리고 그것을 자꾸 구분하려고 하다 보면, 보이기 시작합니다. 아이가 한 말이나 행위가 나의 무언가를 건드렸고, 그것이 어떻게 하나하나 증폭되면서 분노의 에스컬레이터가 쌩하고 올라가게 되는지 알아차리게 됩니다. 처음에는 순식간에 올라가는 에스컬레이터를 타는 것 말고 달리 할 수 있는 게 없어 보이지만, 나중에는 그 과정이나 단계가 하나하나 선명하게 보이기 시작해서 에스컬레이터에 올라타지 않고 그전에 작동을 멈추게 할 수 있지요.

사실 상대의 행동은 상대의 영역이고, 내 행동은 내 영역이기 때문에 상대의 행동은 내 손에 달린 것이 아닙니다. 배우자, 자녀 등 아무리 가까운 사이라고 해도 각자의 행동은 각자의 몫입니다. 누가 누구를 바꾸거나 어떻게 할 수 있는 문제가 아닙니다. 게다가 상대방이 어떻게 했다고 해서 내가 꼭 그래야 한다는 법은 없습니다. 예를 들어, 상대방이 욕을 했다고 해서 나도 욕을 할 필요는 없는 것입니다. 내 반응은 내 손에 달린 문제인 것이지요. '일어난 일'과 '내 마음의 반응'을 구분하는 연습을 자꾸 하다 보면, 선명하게 경계가 생겨나지요. 반복해서 연습하다 보면 점차 실시간 자동적으로 분리가 됩니다. 실제로 일어난 일만으로는 감정이 부풀기 어렵습니다. 우리의 '생각'이라는 이스트를 넣었기 때문에 공갈빵처럼 부풀어 오르는 것이지요.

"저 사람은 항상 나를 무시해!" 혹은 "나는 왜 늘 이렇게 당하기만 할까!", "이제 망했다, 망했어", "나를 사랑하는 사람은 한 명도 없어", "나는 혼자 버려졌어!" 등 극단적인 생각으로 이끄는 것은, 실제 일어난 일이 아닙니다. 우리의 해석이자 판단, 우리의 생각입니다.

자기 마음에 대한 알아차림이 높아지다 보면 아이 엄마는 알게 됩니다. '아이가 숙제를 안 했다는 사실이 나를 화나게 한 게 아니라, 내가 더 감시하게 하고 신경 쓰게 하니까 화가 났구나. 내 일이 늘어나게 하니까 내가 화가 난 것이로구나. 내가 많이 지쳐 있구나' 하고 자기 마음을 더 들여다보고, 스스로 긴장과 부담을 좀 낮추고 이완할 수 있도록 자신을 돌보게 됩니다. 그리고 여유가 더 생기면 '아이가 일부러 나한테 짐을 안긴 것은 아니지. 그러니까 화낼 일이 아니라, 스스로 할 일을 할 수 있도록 동기를 부여해줘야지. 어떻게 하면 저 아이가 스스로 의욕을 갖고 자기 일을 챙길 수 있을까?' 이렇게 자기 문제와 아들의 문제를 나누어서 보게 됩니다. 그러면 각각에 대해 훨씬 효과적으로 대처할 수 있지요. 감정적으로 치달아서 말을 내뱉고 후회하거나 극단적인 행동을 하게 되는 일이 점차 줄어들게 됩니다. 분노가 가라앉습니다. 드라마를 해체해 그 힘을 떨어뜨리는 것, 습관적 생각 패턴으로 빠지지 않는 것은 우리를 자유롭게 합니다. 반복되던 행동 패턴을 멈추게 하고 더 나은 방식을 선택할 수 있게 하지요. 그럴 때 가장 큰 수혜자는 엄마 자신입니다. 그리고 그 덕분에 아빠도, 아이도 좀 더 안정감 있게 살아갈 수 있으니 엄마는 가족들에게 자신의 존재로 선물을 하게 되는 격입니다. 이보다 더 좋은 일이 어디 있겠습니까?

마음은 무한

우리 모두는 '마음'이라고 부르는 텃밭 하나씩을 가지고 있습니다. 문제는 이 텃밭이 내가 애초에 정한 것이 아니라는 데 있습니다. 내가 원한 것도 아닌데, 나보고 가꾸라고 그냥 주어진 것이죠. 무를 수도 없고 바꿀 수도 없습니다. 게다가 지금 생겨난 것이 아니라 수백 년, 수천 년, 수만 년을 거쳐 온 것이죠. 여러 생명의 흔적, 복잡한 역사가 담겨 있습니다. 누가 무엇을 어떻게 가꾸다가 내게 주어진 것인지 한 가닥 정보도 없이 턱 주어지는 거죠. 텃밭의 토질도, 상태도 내 책임은 아닙니다.

씨앗도 마찬가지입니다. 씨앗은 내가 뿌리기도 하지만 바람에 실려 오기도 합니다. 생각은 내가 만들어내기도 하지만, 밖에서 오기도 하지요. 먼지처럼 공중에 흩어지다가 툭 떨어지기도 하고 이웃 텃밭에서 옮겨오기도 합니다. 따라서 '내게서 일어나는 모든 생각이 내 책임'은 아닙니다. 미디어를 통해 들어오는 무수한 파편들은 우리 마음 구석에 숨어 있다가 꿈에 나타나거나 무의식중에 재생이 되기도 하지요. 여기저기서 들은 이야기가 텃밭에 떨어졌다가 싹을 틔울 때도 있습니다. 우리는 닫혀 있는 완결된 개체가 아니라 언제나 상호작용을 통해 변화하는, 열려 있는 구조로 되어 있기 때문에 오가는 일에 많은 영향을 받습니다. 그에 대한 생각들이, 내 마음에서 일어나는 모든 생각이 전부 내 책임은 아닙니다.

그러면 내 책임은 어디서부터일까요?

비 오고 바람 불고 얼어붙었다가 화창해지고 온갖 날씨를 거치며 씨앗은 자라납니다. 온도와 습도, 날씨가 맞아떨어져서 싹이 트지요. 여기서부터는 정신을 바싹 차려야 합니다. 텃밭의 토질도, 텃밭에 떨어져 있는 씨앗들도, 날씨도 내 책임은 아니지만 싹이 올라온 것을 알아차리고 키울지 말지 결정하는 것은 내 몫이기 때문입니다. 어느 싹에 물을 주고 더 키울 것인가는 내가 결정합니다. 내 텃밭의 풍경은 결국 내가 만들어낸다는 사실을 알면 상황을 좀 더 정확히 볼 수 있습니다.

예를 들어, 누군가를 질투하거나 의심하는 생각의 싹이 자라

날 때, 꼬리에 꼬리를 물고 반복되는 피해의식이 막 고개를 들기 시작할 때, 그 생각에 물과 거름을 주어 길러낼 것인가 아니면 거기서 딱 멈추어 끊어낼 것인가 하는 것은 내게 달려 있습니다.

우리 마음은 주의 깊게 정성껏 돌보아 꽃과 나무를 키워내기도 하고, 잡초로 가득 메워진 버려진 공터처럼 방치되기도 합니다. 어떤 생각에 힘을 실어줄 것인지, 어떤 생각을 키워 어떤 정원으로 가꿀 것인지는 내가 하는 일입니다. 이러한 사실을 모르면 평생 비슷한 생각에 둘러싸여 생각의 노예로 살게 됩니다. 싹이 트는 순간을 포착하고 멈추거나, 필요한 싹을 선택해서 키운다는 사실을 명확히 이해하고 실행할 수 있으면 마음의 주인으로 살아가게 됩니다.

사람마다 모두 조건이 다르고, 유전자와 성장 환경, 가족, 사회 문화적 배경 등 우리 성격을 결정하는 매우 중요한 요소들은 내가 선택하지 않았습니다. 내가 뭘 잘못해서가 아니라 애초에 불리한 시작점에 놓일 수 있습니다. 우울증 발병률이 높은 가족에서 태어났을 수 있고, 중독에 취약한 가정에서 태어났을 수도 있죠. 대인관계가 힘든 유전적 소인을 갖고 태어났거나 불안에 유독 민감한 기질을 물려받았거나 지능이 낮게 태어날 수도 있습니다. 남들보다 더 충동적이거나 강박적인 성향을 타고나기도 합니다. 그럼에도 불구하고 내가 하는 판단과 생각, 말과 행동에는 내가 책임을 지게 되어 있습니다. 어떤 분들은 이 사회에 적응하며 살아가는 것이 다른 사람에 비해 분명 더 힘들 것입니다.

이 모든 맥락과 조건들을 알지 못하고 우리는 누군가를 쉽게 평가합니다. 누군가를 이해한다는 것은, 그 사람이 놓인 조건을 이해한다는 것입니다. 자기를 이해한다는 것도 결국 자기가 놓인 조건을 이해한다는 것입니다. 조건 자체를 바꾸기는 어렵습니다. 하지만 조건에 대한 반응은 바꿀 수 있습니다. 내가 반응하는 방식, 맥락을 잘 알아차려서 조건에 대한 반응을 바꾼다면, 전에 없던 새로운 조건이 만들어집니다. 그게 마음이 부리는 놀라운 마법입니다. 마음은 무한입니다.

푸쉬 워터 게임기

아이들이 좋아하는 문구사에 가보면, 아기자기한 게임기들이 여럿 있습니다. 그중에 두 손으로 쥐고 버튼을 누르면 물이 일렁이면서 동그란 링이 움직이는 게임기가 있습니다. 고정된 막대기에 링을 많이 꽂을수록 이기는 게임으로 '물 게임기' 혹은 '푸쉬 워터 게임기'라고 쓰여 있더군요.

버튼을 누르기 전에 게임기 안을 보면, 링들이 바닥에 가만히 있습니다. 버튼을 누르면 갑자기 링이 엄청 많아지는데, 그 순간 갑자기 생겨난 것은 아니지요. 이미 그전부터 게임기 안에 있었던 것입니다. 물이 움직이면서 링들을 바닥에서 일으킨 것이죠. 버튼을 여러 번 누를수록 변화하는 물결을 따라 링은 이리저리

휩쓸리며 요란하게 움직입니다. 우리 마음도 이와 비슷합니다. '너 때문에 화났어!', '그 사람이 너무 싫다!', '정말 끔찍한 일이야! 이 일만 좀 빨리 해결되면 좋겠어'라고 말하지만 우리 마음 안의 링을 움직이는 것은 외부의 대상이나 사건이 아닙니다. 우리 안의 물결이고, 우리가 누르는 버튼입니다. 버튼을 누르지 않으면 물결이 일어나지 않고, 물결이 일어나지 않으면 링은 움직이지 않습니다.

외부에서 일어난 일에 대한 우리의 반응은 거의 자동적이고 무의식적이어서 평소에는 버튼과 물결 그리고 링에 대해 명확히 보기 어렵습니다. 그냥 한 덩어리의 사건으로 느껴지죠. '저 사람이 이렇게 말하니까 내가 정말 화가 나네! 어떻게 그렇게 말할 수 있지? 나를 무시하는 건가?'와 같이 자동적으로 원인-결과를 만들어서 스토리로 인식합니다. 혹은 'OO가 전화를 안 받네. 그것 봐 나한테 섭섭해하는 거야. 그 사람 그렇게 안 봤는데 은근 소심하네. 이래 가지고 앞으로 어떻게 같이 일하지? 일일이 신경 써야 하니 부담스럽네'와 같이 일사천리로 생각은 달려갑니다. 그게 얼마나 정확한 사실인지 혹은 다소 과장되거나 왜곡된 것인지 알아차릴 겨를 없이 우리 마음속에는 이야기가 만들어집니다. 생각으로 뭔가를 덧붙이고 연결함으로써 벌어진 일이나 상황에 대해 더 잘 이해하려는 것이죠. 불확실성을 줄이고 통제하려는 시도입니다. 그런데 이런 인지적 노력으로 인해 역설적이게도 이해를 더 잘하게 되는 게 아니라 오해가 더 늘어나죠. 우리의 추측이나 기대, 판단이나 생각이 일이나 상황을 있는 그대로 보기 어렵게 합니다. 하지만 카타기리 선사의 말씀처럼 "무슨 일이 일어나든, 우리는 멈출 수 있습니다. 자신을 열고 전체 상황을 보려는 마음을 낼 수 있습니다. 그러면 많은 것을 배울 것입니다."[5]

나, 나, 나!

머릿속에서 유독 급하게 부풀려지는 이야기의 주제나 패턴이 사람마다 조금씩 다르다는 것을 보면 놀랍습니다. 예를 들어, '나만 빼고 이 사람들이 뭘 하려고 하나? 소외시키는 건가?'와 같은 주제에 민감한 사람의 경우에는 그 주제를 조금이라도 암시할 만한 일이 벌어지면 버튼이 탁 켜지면서 이 주제를 향해 이야기가 펼쳐집니다. 실제 일이 벌어지는 속도보다 더 빨리 머릿속에서 스토리가 만들어집니다. 그래서 말과 행동을 통해 이미 왜곡된 반응이 시작됩니다. 그러면 관계가 나빠지고 일이 악화될 가능성이 높아지지요.

이처럼 많은 사람들이 갖고 있는 민감한 주제에는 '지금 나보고 잘못했다는 거지? 내 탓하려는 건가?', '지금 나 돈 없다고(내가 여자라고/내가 어리다고/내가 대학을 안 나왔다고/내가 지방 출신이라고) 무시하는 건가?', '나보고 못생겼다는 거지?', '사람들이 내가 무능하다고 생각하면 어떡하지?', '왜 나만 늘 피해를 보는 걸까?', '이 사람 또 나를 이용하려는 걸까?' 등이 있습니다.

이 주제들에 어떤 공통점이 들어 있나요? 혹시 보이십니까? 네, 맞습니다. 모두 '나'에 관한 주제입니다. 우리는 대개 사람들이 나에 대해 안 좋게 생각할까 봐, 나에게 나쁘게 대할까 봐 전전긍긍합니다. 유독 싫어하는 민감한 주제는 개인별로 조금씩 차이가 있지만, 그것이 모두 '나'에 대한 염려나 걱정이라는 점에서 핵심은 비슷합니다.

우리는 모두 심리적, 물리적 위협에서 자신을 보호하고 안전함을 느끼고 싶어 합니다. 불확실성을 줄이고 예측 가능하게 상황을 정리하고 싶어 합니다. 이런 경향은 무의식적 생존 본능에서 비롯되기 때문에 그 자체가 문제는 아닙니다. 하지만 그런 경향이 과도해서 걱정이나 예측하려는 생각이 지나치게 많아지면 문제가 됩니다. 있는 그대로의 상황을, 현실을 알아차리기가 매우 어려워집니다. 머릿속에 필터가 많아지는 것이죠. 우리는 많은 시간을, 두 발 딛고 있는 땅에서 사는 것이 아니라 생각 속에서 살아갑니다. 그러다 보면 자신에게 일어난 일이나 상황을 과잉 해석하거나 과잉 대응하게 되고요. 점점 현실에 제때 접촉하지 못하게 되고 생각에 고착되어 만성 불안이나 만성 우울로 이어질 수 있습니다.

어떻게 하면 이런 경향을 줄일 수 있을까요? 간단하고도 확실한 방법이 바로 명상입니다. 명상은 '멈춤'입니다. 기다렸다는 듯이 자동적으로 펼쳐지는 생각들이나 되풀이되는 이야기 재생을 잠시 멈추게 하지요. 그리고 '지금 실제로 일어나는 것'이 무엇인지 경험하게 합니다. '나'라고 하는 몸의 통로 혹은 마음 그릇 안에서 어떤 알갱이들이 일어나고 커지고 뭉치거나 흩어지는지 알아차리게 합니다. 앞에서 말한 게임기에 비유하자면 링과 물결, 버튼에 대해 명확히 보게 합니다. 평소 한 덩어리처럼 자동적으로 획 지나가버려서, 어떤 것들이 하나하나 연결되어 지금 이런 감정을 느끼게 됐는지, 언제부터 이런 생각을 하고 있었는지 모호할 때가 많은데요. 명상은 이런 과정들을 하나하나 밝혀줍니다. 이러이러한 일로 인해 내가 게임기의 버튼을 눌렀다는 것을, 그에 따라 링들이 일렁이면서 돌아다니기 시작했다는 것을 즉각 알아차리게 됩니다. 빨간색 링, 파란색 링, 초록색 링들이 부유합니다. '나는 그것들 중 어떤 링에 우선 주목해야 할까, 어느 링을 어느 쪽에 걸어야 할까, 아니면 지금은 링들을 일단 모두 가라앉히는 게 필요할까?' 가만히 들여다보게 됩니다. 마음의 현상들이

천. 천. 히. 구체적으로 보이기 시작합니다. 자극을 받으면 바로 반응했던 습관적 패턴을 멈추고, 자극과 반응 사이에 여백을 마련함으로써 보다 나은 대응을 할 수 있는 여지가 생겨납니다.

어떤 것도 사라지지 않는다

"부처의 가르침을 두 가지로만 요약한다면 지혜 그리고 자비입니다. 지혜란 무상함에 대한 깊은 이해입니다. 삶은 매 순간 왔다 가지요. 자비란 모든 것이 상호의존적으로 함께 일어난다는 것에 대한 깊은 이해입니다. 모든 삶은 서로 연결되어 있습니다. **자비의 가르침에 따르면 당신의 삶은 용서받습니다. 하지만 그렇다고 하더라도 지혜의 가르침에 따르면 당신의 삶은 어느 하나도 용서될 수 없습니다.**"

카타기리 선사의 말씀[6]입니다. 어딘가 소름 돋지 않나요? 처음 이 구절을 접했을 때, 마지막 문장이 매우 무섭게 느껴졌습니다. '용서될 수 없다'는 것은 무슨 말일까요? 아마 '없던 것으로 할 수 없다. 지울 수 없다'는 의미일 것입니다.

불교에서는 의식 창고에 저장된 씨앗이 생각, 말, 행동이 되고 다시 그 생각, 말, 행동이 의식 창고에 저장되기 때문에 어떤 것 하나도 사라지지 않는다고 설명합니다. 예를 들어, A라는 사람은 a 종류의 생각을 자주 하게 되고, B라는 사람은 b 종류의 생각 때문에 종종 시달리는데요. 이러한 패턴은 우연히 일어난 것이 아니라 오래전부터 그 씨앗에 자주 물을 주고 키웠기 때문이라는 것이지요.

즉, 안 좋은 생각을 덜 하고 싶으면 그것과 관련된 씨앗에 물을 주지 않아야 합니다. 지금 내게 안 좋은 일이 일어난다면 이전의 씨앗이 자라난 결과입니다. 그러니 지금부터라도 미움과 질투, 시기심과 분노, 원망하고 탓하는 마음, 억울함과 불안함 등 번뇌의 씨앗에 물을 주지 않아야 합니다. 만약 자기도 모르는 사이에 번뇌의 씨앗이 자라 의식에 포착되었을 때에는 곧바로 알아차려서 더 키우지 않도록 해야 합니다. 지금부터라도 더 키우지 않겠다고 단단히 마음먹으면 생각 습관이 힘을 잃게 됩니다.

우리는 내가 하지 않은 일 때문에 고통받을 수 있습니다. 카르마는 공업(共業)이기 때문입니다. 지난 몇 년간 우리는 바이러스에 대한 공포 때문에 방역 작업을 하면서 어마어마한 소독 물질을 땅으로, 바다로 흘려보냈습니다. 다시 우리가 곧 그 대가를 치르게 될 것입니다. 슬픈 일이지만, 어쩔 수 없는 일입니다. 그래서 화낼 일이 없습니다. 억울할 일도 없습니다. 지구에서 일어난 일은 지구에 사는 생명체 공동의 일입니다. 없던 것으로 할 수가 없습니다. 어떤 것도 되돌릴 수 없지요. 아주 작은 일도 사라지지 않습니다. 우리의 생각과 말과 행위는 모두 텃밭으로 떨어지는 씨앗입니다. 예쁜 꽃이 아니라 원하지 않는 잡초가 자라 있다고 화낼 것이 아니라 '우리가 무의식중에 떨어뜨린 씨앗이 있었구나' 하고 알면 됩니다. 대충 살 시간이 없습니다. 전체 그림을 보면서 살아가려면 수행이 필요합니다.

2장 습관_
나는 무엇을 모르고 있는 것일까?

"어떤 생각도 마주칠 수 있다.
하지만 그것에 달라붙거나 그것을 발전시키지 말라."[7]
_타이잔 마에주미

신경증과 지혜의 다섯 가지 짝

　힘든 일이 벌어질 때, 어떤 사람은 짜증을 내고 어떤 사람은 못 본 척합니다. 어떤 사람은 주로 자신을 탓하고 어떤 사람은 타인을 원망합니다. 타인을 도와주면서 힘들어하는 사람이 있는가 하면, 늘 혼자 해결하고 대처하는 것에 피로감을 느끼는 사람도 있습니다. 우리는 대체로 익숙한 방식을 반복하면서도 자신에게 문제가 있다고 고민합니다. 번뇌와 고민 안에 지혜가 들어 있을 거라고는 생각조차 하지 않습니다. 어떻게 하면 더 나은 사람이 될까, 어떻게 바뀔 수 있을까만 알아내려 하지요.

　미국과 캐나다를 비롯한 북미 지역에서 가장 널리 알려진 여성 승려 페마 쵸드론(Pema Chödrön)은《죽음은 내 인생 최고의 작품》을 통해, 우리가 문제 삼는 것이 사실은 하나도 문제가 아님을 상세히 설명하고 있습니다. 이른바, 신경증과 지혜의 다섯 가지 짝에 관한 원리입니다. 누구나 조금씩은 해당되는 문제이자 대표적인 신경증 증상으로 분노, 탐욕, 질투, 자만심, 무지가 있는데요. 이 중에서 자신이 어디에 더 치우쳐져 있고, 어떤 감정 상태를 더 많이 경험하는지 경향성을 알아차리라는 것이지요.

흥미로운 것은, 자신의 경향성이나 특성을 부끄러워하거나 미워하지 말고 그 안으로 들어가 온전히 연결되면 지혜가 된다는 설명입니다. 대부분의 사람은 자신의 약점을 알아차리고 고치거나 극복하려고 하는데요, 이 책은 그것이 그대로 지혜의 토대가 되기 때문에 한쪽 측면만 보지 말고 신경증과 짝을 이루는 지혜의 측면을 두루 이해할 것을 더 강조합니다.

자신의 주요 경향성이 '분노'인 경우에는 타인에게 상처를 줄 수 있지만 날카로움과 정확성은 '거울과 같은 지혜'가 될 수 있으며, '탐욕'은 늘 뭔가에 집착하고 원하며 스스로를 괴롭히는 어리석음이지만 수행으로 잘 다듬어질 경우 '분별하는 지혜'로 나아갈 수 있습니다. '질투'는 끊임없이 분주하고 비판적인 성향이 있어서 곁에 있는 사람을 힘들게 할 수 있지만, 이 에너지와 온전히 연결되면 '모든 것을 성취하는 지혜'가 됩니다. '나는 너희들과 달라!'와 같은 '자만심'은 자기 영역이나 자기 이미지, 자기 물건 등에 집착하면서 폐쇄적인 태도로 성을 쌓게 하지만, 이를 꿰뚫어 들어가면 '평등심의 지혜'가 됩니다. 마지막으로 둔하고 무기력한 '무지'의 번뇌 에너지가 깨어나면 '법계의 지혜'가 됩니다.

분노, 탐욕, 질투, 자만심, 무지 등 어떤 것이든 우리가 경험하는 번뇌 혹은 신경증적 증상을 없애려 하거나 피하려 들지 말고 그 한가운데로 들어가 온전히 연결되면 그대로 지혜가 된다는 것이죠.

유전자, 어린 시절 양육 환경, 우리가 만나고 경험한 사람과 사건들, 교육과 학습, 사회문화적 영향 등을 통해 우리 자신의 경향성은 특정한 방향으로 더 굳어지게 됩니다. 우리가 반복해서 겪는 어려움과 문제들은 나 자신의 감정 습관, 생각 패턴, 말하고 행동하는 방식을 통해 증폭될 때가 많습니다. 내 특유의 경향성 그리고 그 경향성과 관련된 '자기 주제'는 단순히 마음의 문제가 아닙니다. 우리가 만나는 사람들과 경험하는 사건들에도 영향을 끼치지요.

이를테면 자기 주제가 '소외되거나 혼자 남겨지는 것만큼은 무조건 피해야 한다'인 경우에는 늘 타인에게 맞추고 순응하다 보니 상대방이 함부로 대해도 꾹 참거나 웃음으로 넘기면서 갈등을 회피하는 일을 자주 경험하게 됩니다. 서로 존중하고 배려하는 관계를 가꾸기가 오히려 힘들게 되지요. 더 외로워질 수 있습니다.

자기 주제가 '무시당하지 않으려면 강하게 나가야 해'인 사람은 '무시'와 관련된 신호에 민감해지기 때문에 자신도 모르게 공격적으로 반응하게 됩니다. 그래서 사람들로부터 거부 반응을 경험해 결과적으로 다시 무시당하는 상황에 처하게 되지요.

'아무도 나를 이해하지 못해' 혹은 '아무도 내 어려움에 공감하지 않아'와 같은 주제로 시달리는 사람은 자기 문제로 시야가 많이 좁아져서 가까이 있는 친구나 가족을 전혀 이해하지 못하고 공감하지 못할 때가 많습니다.

우리는 자신을 중심에 놓고 타인과 세상을 바라보기 때문에, 어떤 스토리의 '주인공'처럼 스스로를 생각하는 경향이 있습니다. 그래서 슬픔이나 피해도 더 크게 인식하고 기쁨도 더 크게 인식합니다. 그런데 간과하는 것은, 우리 자신이 주연일 뿐만 아니라 그 스토리의 작가이기도 하다는 사실입니다. 어떤 일에 대한 해석이 이후 경험에 영향을 미치기 때문일까요? 이상하게 반복해서 일어나는 일들이 있죠. 자주 경험하는 어려움이 있습니다. 누구나 고유의 경향성, 어떤 패턴이 있습니다. 우리는 '자기 주제'에 매달려 평생 비슷한 스토리를 쓰고 있는지도 모릅니다.

그러니 자기 주제를 명확히 알아내야 합니다. 아주 세세히 구체적으로 알지 못하면, 변하기 어렵습니다. 그렇다면 어떻게 알아낼 수 있을까요? 불만, 고민, 고통의 내용을 잘 들여다보면 그 안에 반복되는 주제가 있습니다. 나 스스로 반복해서 생각하는 고민이나 친구에게 자주 하소연하는 불만, 내게 되풀이해서 일어나는 고통의 문제들을 한번 살펴보세요. 해결이 된 것 같다가도 다시 등장하고 포장만 바꾸어 다시 등장하는 어려움들이 있습니다.

이런 질문을 스스로 해보는 겁니다.

'내가 계속해서 어려움을 겪는 문제는 무엇인가?'

'그건 어떤 경험인가?'

이렇게 구체적으로 내용을 파악하고 한두 줄로 정리합니다. 그다음에는 다른 각도로 바라볼 수 있는 질문을 던져봅니다.

'왜 나는 그걸 계속 문제 삼는가?'

'문제 삼는 마음에는 무엇이 들어 있는가?'

피로와 조급함

스마트폰만 있으면 내게 필요한 모든 것을 알아내고 얻을 수 있는 시대가 되었습니다. 멀리 찾아가서 어렵게 구하지 않아도 됩니다. 해외에서 물건을 주문하고 내 자리에서 간단히 정보를 파악합니다. 그런데 참으로 이상하지요. 그렇다고 해서 사람들이 더 행복해진 것은 아닌 듯합니다. 하긴 인류의 역사를 볼 때 어떤 시기도, 어떤 나라도 완벽하게 평화로운 적은 없었죠. 아무리 기술이 발달하고 사회가 발전하는 것처럼 보여도 우리가 체감하는 삶의 질은 크게 나아지는 것 같지 않습니다. 더 바빠지고 그만큼 더 공허해질 뿐이죠. 발터 베냐민(Walter Benjamin)[8]과 같은 철학자들은 기술과 산업, 자본과 시장이 많은 사람에게 더 나은 삶을 가져다주지는 않을 거라는 사실을 100년 전에 이미 명확히 알고 있었습니다. 베냐민은 그 이유 중 하나로 근대 이후 '파편화된 감각적 체험은 늘어나지만, 통합적이고 전체적인 경험은 위축되었기 때문'이라고 보았습니다.

다시 말해, '경험의 질'이 달라졌다는 것입니다. 약간의 상상력만 발휘해 한번 떠올려보면 어려운 얘기가 아닙니다. 인터넷과 디지털 디바이스가 우리 일상에 들어오기 전, 1990년대에만 해도 실시간 벌어지는 일들을 가장 광범위하게 담아내는 것은 종이 신문이나 TV 뉴스였습니다. 해외에서 일어나는 일들에 대해서는 국내 매체가 다루지 않으면 바로 알기 어려웠죠. 조금 더 거슬러 올라가 우리나라의 가정에 TV가 보급된 것은 1970년대 들어서였습니다. 그전에는 그러면 사람들이 모여서 무슨 얘기를 나눴을까요?

가족이나 친구, 이웃의 이야기, 기껏해야 지인에게 전해 들은 이야기를 나누었을 겁니다. 먼 곳의 얘기는 알 수도, 할 수도 없었죠. 간접 경험을 접할 기회가 별로 없기 때문에 주로 자신의 '경험'을 서로 이야기하면서 가까운 사람에게 지혜를 전수할 여유가 있었습니다. 아무래도 자신보다 경험이 많은 연장자에게 자문을 구하며 직접 배우는 기회가 많았죠. 하지만 TV와 신문이 보급되면서 조금 달라졌습니다.

주관적 경험을 넘어서서 전문가의 지식이나 보다 객관적으로 보이는 정보들에 의지하기 시작했죠. 간접 경험의 양이 급격히 늘기 시작합니다. 그다음, 인터넷과 스마트폰이 우리에게 쥐어진 후에는 어떻게 됐나요? 국내 뉴스는 물론이고 외국에서 일어난 사건 사고, 나와 아무런 관계가 없는 사람들에 관한 정보와 뉴스가 넘쳐나게 되었습니다. 내가 실제로 경험한 것보다 간접 경험의 이미지가 훨씬 많아지게 되었죠. 우리가 접하는 정보의 종류와 양이 급격히 많아지면서, 의식이 이해하고 받아들이기도 전에 자극이 끝없이 입력되는 하루하루를 살아가고 있지요.

뇌가 처리해야 하는 정보량이나 자극의 강도를 볼 때, 아침에 일어나 회사에 가는데 지하철 사고가 나고, 점심때 건물이 붕괴하고, 저녁에 돌아오는 길에는 다리가 무너지는 그런 시대에 살고 있다고 하면 적절한 비유가 될까요? 감각기관으로 들어오는 정보를 뇌가 처리할 여유가 없어서 많은 것을 건너뛰거나 무뎌지게 만듦으로써 간신히 평형을 유지해나가는 시대입니다.

특별히 뭔가를 하지 않아도 피로를 느끼고, 바쁜 일이 없어도 마음이 조급해지면서 잠시도 가만있지 못하게 하는 분위기, 이것은 디지털 시대에 흔해진 풍경입니다. 현대인, 특히 젊은이들이 경험하는 우울과 불안, 분노와 혐오는 이런 시공간의 조건에서 만들어진 것이죠.

만성 불안과 공허함

디지털 시대와 경험의 질, 심리적 문제가 어떤 관련이 있는지 조금 더 구체적으로 살펴보겠습니다. 모든 가치를 돈으로 매기는 오늘날, 시간은 돈과 거의 같은 개념으로 여겨집니다. 사람들은 '10년 동안 3억 만들기'보다 '3년 안에 3억 만들기'를 좋아하지요. 오늘날 시간은 곧 비용이기 때문에 개인도 기업도 기간을 단축해서 최대한 빨리 일을 마무리하려고 합니다.

전쟁으로 황폐해진, 자원 없는 땅에서 극적인 경제 성장을 일군 한국인의 동력도 '빨리'와 '근면 성실'이었는데, 여기에 디지털 기술까지 보태지면서 '빨리'는 현대인의 기본이자 최선인 미덕으로 자리 잡았습니다. 음식 배달도, 물건 배송도, 인터넷도 빨

라야 합니다. 느린 것은 무능이고 불성실이고 게으름이고 나쁜 것입니다. 명확한 이유나 대가 없이 기다리는 건 바보처럼 생각이 되지요. 시간은 곧 돈인데, 시간을 낭비했으니까요. 이러한 분위기는 뜻하지 않게 우리의 경험을 매우 축소시키는 결과를 낳습니다.

사실상 삶은 상실의 연속입니다. 우리는 매일매일 뭔가를 잃어버리고 작별하고 떠나보냅니다. 성장하면서 유년기의 안락함과 이별하고, 학교를 옮기면서 좋아하던 친구와 헤어집니다. 오래 살던 집도 옮기고 좋아하던 장소도 떠나오고 소중한 존재도, 사랑하던 사람도 보내주어야 할 때가 있습니다. 병에 걸리거나 다쳐도, 최선을 다해 노력했는데 결과가 좋지 않을 때도 상실감을 느낍니다. 아무리 좋은 시절도 한때에 불과하고 시작한 모든 것은 끝을 맺는다는 사실을 알면서도 우리는 상실에 익숙해지지 않지요. 매번 흔들리고 상처받고 힘들어합니다. 그런데 이처럼 크고 작은 상실을 경험하려면 '시간'이 필요합니다.

슬픔을 느끼고 스스로 다독이며 이해하고 받아들이려면 충분한 시간이 필요하지요. 하지만 현대 사회는 감정을 처리하는 데 드는 시간을 허용하지 않습니다. 시간 단위로 생산성을 따지고 급여를 계산하는 현대인에게 효율은 매우 중요한 가치이기 때문에, 몸이 아프거나 마음이 힘들어 제 역할을 다하지 못하면 이른바 '자기 관리의 실패'로 치부합니다. 일이나 학업에 전념하지 못하게 하는 불편한 감정은 일상의 리듬을 깨뜨리고 자신의 기능을 약화시키는 골칫거리가 되는 것이죠. 따라서 처리하기 부담스러운 부정적 감정들은 미리 억압하거나 차단하게 됩니다.

있는 그대로 경험하기가 매우 어려운 시대가 되었습니다. 슬퍼하는 사람에게 우리는 "얼른 털고 일어나! 힘내!"라고 합니다. 뭔가 불편하거나 부정적인 감정이 느껴지면 사람들은 당황해하면서 빨리 없애려 하거나 주의를 다른 곳으로 돌려 잊어버리려 하지요. 통제 가능한 것만 느끼려 하기 때문에 경험이 얕아지고 위축됩니다. 자신이 겪는 일들이 의식에서 통합되지 못하고 파편화됩니다. 자기가 자기에게서 소외됩니다.

억울한 죽음이나 사회적 참변 앞에서는 누구나 슬픔과 분노를 느끼지만, 종종 감정이입이 지나쳐서 몇 달 동안이나 일상생활을 제대로 하지 못할 정도로 과도한 감정적 반응을 경험하는 사람들이 있는데요. 이는 개인적으로 허용되지 못해 억압된 감정들이 '슬퍼해도 되고 분노해도 되는 순간'으로 타당화되어 자신도 모르게 쏟아져 나오는 것일 수 있습니다.

현대인의 만성 불안과 공허함, 외로움은 소외와 관련이 있습니다. 사람들 사이의 관계가 피상적이거나 형식적인 것이 되고 소원해지는 사회적 현상을 흔히 소외라고 생각하지만, 모든 소외는 자기와의 관계에서 시작되지요. 소외는 자기 경험과 온전히 연결되지 못하는 것입니다. 매 순간의 경험을 있는 그대로 느끼거나 받아들이지 못하고, 빠른 판단으로 경험을 재단하거나 통제하는 것이지요. 경험하기도 전에 결론을 내리기 때문에 어느 것하나 제대로 끝까지 경험하기가 힘듭니다.

상실과 슬픔을 직접 경험하면서 몸소 터득했던 지혜는, 온갖 유튜브 채널을 통한 대리 경험과 팁으로 대체되었죠. 어떤 것이든 검색해서 알아보고 시간과 에너지를 낭비하지 않으려는 사람들에게 시행착오와 직접 경험은 이제 희귀한 것이 되었습니다. 해본 적도 없는데 이미 알고 있는 거죠. 껍질만 일부 알 뿐인데요. 그걸 마치 전부 아는 것처럼 생각하기 때문에 안 하고 건너뛰게 됩니다. 그렇게 시간을 아끼면서 결국 얻게 되는 것은 무엇일까요? 시간의 단축을 통해 우리가 얻게 되는 건, 아이러니하게도 경험의 위축, 삶의 위축입니다.

내가 반응하는 방식

누군가가 나를 매우 화나게 하거나 슬프게 했을 때, 우리가 할 수 있는 가장 쉬운 반응은 그 사람의 말이나 행동에 초점을 맞추어 비난하는 것입니다. 내 안의 감정적 불편함으로 인한 공격성을 상대방에게 쏟아내려는 시도죠. 모든 행동은 내 안에 일어난 자극을 덜어버리려고 하는 것이기 때문에, 그렇게 하면 일시적으로 불쾌한 자극이 가라앉는 것처럼 느껴질 수 있습니다. 그런데 이상하죠. 그렇게 해서 깔끔하게 끝나지는 않습니다. '당신이 이렇게 해서 내가 이렇게 힘들다고!' 혹은 '너 때문이야!' 외치면서 냉정하게 혹은 함부로 대한다고 해서 내 마음이 맑아지지는 않습니다. 오히려 더 슬퍼지지요. 마음이 황량해집니다. 사랑이 사랑을 낳듯, 공격성은 공격성을 낳기 때문에 공격성으로는 아무것도 해결할 수 없습니다. 원망하는 마음이나 복수하는 행동은 아무런 효과도, 의미도 없습니다. 일을 더 복잡하게 만들 뿐입니다.

거기에 그치지 않지요. 상대방의 말이나 행동 때문에 자신이 힘들다고 생각하는 순간, 우리는 자기 이해가 깊어질 수 있는 절호의 찬스를 놓치게 됩니다. 누군가의 말이나 행동이 나를 툭 건드릴 때, 마음이 산란해질 때 우리가 고도로 집중해야 하는 것은 그 순간 내 마음입니다.

자기를 이해하려면 먼저 자신이 처한 환경과 조건에 실시간 어떻게 반응하고 있는지를 섬세하게 들여다봐야 합니다. 출발점은 언제나 '내 반응'입니다. 자기 이해란 결국 내 행동을 이해한다는 것인데요. '무엇이 나를 힘들게 하는 걸까? 지금 이 안에는 무슨 일이 벌어진 걸까?'와 같은 질문을 통해 주의의 초점을 내 안으로 가져와야 합니다. 따뜻하고 호기심 어린 태도로 내 반응을, 행동을 지켜보는 것이 자기 이해의 출발점입니다. 세상 모든 사람은 자기 마음대로 말하고 행동할 권리가 있죠. 나에게 친절하게 대하도록 강제할 수 없습니다. 그런데 왜 저 말이, 저 행동이 유독 나의 신경을 건드리고 불쾌하게 하는 걸까요? 그 명확한 이유를 알아내야만 합니다.

단순히 '예쁜 말이 아니어서'가 아닙니다. 그의 '태도가 나빠서'도 아니죠. 내 무언가를 건드렸기 때문에 내가 펄쩍 뛰어오르는 것입니다. 상대방은 내 맥락을 모르죠. 나도 그의 맥락을 모릅니다. 내 반응은 상대방 탓이 아닙니다. 어떤 상황에서도 우리는 아주 다르게 행동할 수 있지요. 상호작용에서 일어나는 현상은 매우 복잡한 요소들이 얽혀 있으며 한 사람의 의도만으로 전개되는 것이 아니기 때문에 '누가 문제인지, 누가 더 잘못했는지' 따지는 것은 무의미합니다. 우리가 할 수 있는 가장 좋은 방법은 그 순간에도 자기 마음을 놓치지 않고 섬세하게 자기를 돌보는 것입니다.

'어떻게 내게 그렇게 말할 수 있어!'가 아니라 '아까 그 말의 무엇이 나를 불편하게 하는 걸까? 나의 어떤 기대가 혹은 어떤 욕망이 좌절된 것일까?'를 보는 것이죠. 이런 질문을 떠올리면, 의식의 초점이 자연스럽게 내부로 옮겨지면서 상대방의 말이나 행동을 판단하고 평가하는 마음이 줄어들기 때문에 공격성을 진정시킬 수 있습니다. 동시에, 내 반응의 의미를 찬찬히 들여다봄으로써 아직 덜 이해된 자기 자신에 대해 한층 더 알아가는 계기가 마련됩니다. 누군가가 나를 화나게 하거나 슬프게 한다면 '아, 나를 더 이해할 수 있는 절호의 기회로구나!' 하고 두 팔 벌려 환영하세요. 그러면 특정한 생각이나 자극에 주의가 쏠려 시야가 어두워지지 않고 의식이 확장되면서 보다 본질적이고 중요한 작업에 마음을 쓸 수 있는 여유가 생겨납니다.

마음이 크게 동요하고 강한 감정이 일어날 때면 나는 이렇게 나에게 말을 건넵니다.

'나는 지금 분명 뭔가를 놓치고 있다. 무엇을 모르고 있는 것일까?'

강렬한 감정은 종종 무지, 알지 못함에서 나옵니다. 우리는 언제나 뭔가를 모르죠. 내 맥락과 상대방의 맥락을 모르고 세계의 이치를 모릅니다. 마음이 뭔가 불편하면 얼른 토해버리려 합니다. 그래서 당장 보이는 것을 핑계 삼아 서로의 말투를, 태도를 문제 삼으며 싸워댑니다. 나에 대해, 이 세계에 대해 더 깊이 알 수 있는 소중한 기회를 공격성으로 뭉개버리지요. 공격하는 마음은 사실 의존하는 마음, 집착하는 마음입니다. 문제를 '네 탓'으로 돌림으로써 자기 세계를 회피하고 외면하는 어리석음이죠.

나를 불편하게 하는 사람이 부처입니다. 내 무지를, 공격성을 다시 또 들여다보게 하는 사람이 부처입니다. 그러니 기회를 놓치지 말고 그 순간 문을 열고 들어가야 합니다. 가장 익숙하고 쉬운 반응, 자동적 반응을 멈추고 파고들어야 합니다. 과도하게 방어하거나 회피하려는 마음을 꿰뚫어 들어가야 합니다. 그 안에 참된 자기가 있습니다.

오해와 오류

쉼 없이 우리는 자신과 대화를 합니다. 자신에게 말을 건넬 때는 어떤 단어를 사용하고 있는지 매우 주의 깊게 보아야 합니다. 숨은 의도를 간파해야 합니다. 타인에게 하는 말은 훤히 드러나지만, 자신에게 하는 말은 잘 보이지 않지요. 게다가 우리는 자신에게 하는 말을 객관적 사실처럼 받아들이는 경향이 있습니다.

예를 들어 '저 사람이 나를 **무시**하네? 내가 능력이 없다고 생각하는 거지?' 일단 이렇게 자신에게 말을 건네기 시작하면 그 다음부터는 그에 부합하는 단서를 찾아 붙여나가기 시작합니다. 상대방의 말투, 표정, 행동이 다 거슬리기 시작하지요. 있는 그대로 보고 듣기 어려워집니다. 많은 경우 우리는, 자기가 씌운 프레

임으로 타인과 세상을 축소해서 보기 때문에 생각의 출발점부터 이미 왜곡입니다. 이미 틀린 전제에다, 오해와 오류를 한 겹 한 겹 쌓아나가면서 감정을 일으키며 괴로워합니다.

'나'와 관련된 정보에는 누구나 민감하게 반응합니다. 상대방이 나를 좋게 봐주면 기분이 좋아지고, 나에게 문제가 있다고 여기거나 낮게 평가하는 것 같으면 기분이 나빠집니다. 그런데 정작 '나'는 나를 어떻게 대하고 있나요? 사람들에게 내세울 만한 것, 잘하는 것, 자랑스러운 부분은 추켜세우고 취약한 점, 못하는 것, 부끄러운 부분은 숨기거나 없애려 합니다. 타인과 비교해 자기를 판단하고 꼬리표를 붙이고 점수를 매기며 차별합니다. 자신의 어떤 부분은 좋아하고 어떤 부분은 미워하면서, 정작 타인에게는 자기를 있는 그대로 다 받아주기를 바랍니다. 내가 나를 믿지 않으니 타인의 평가에 휘둘립니다. 내가 나를 진정시킬 줄 모르니 타인의 위로를 구합니다.

물론 타인은 중요합니다. 우리 뇌는 관계 안에서 만들어지고 타인은 우리 자신의 정체성을 만드는 매우 중요한 요소입니다. 하지만 누군가와 관계를 맺고 만난다는 것은 무슨 의미일까요? 타인을 있는 그대로 '전체로서' 만나는 것은 가능할까요? 사실상 우리가 만나는 건 늘 '일부분'입니다. 나의 일부가 누군가의 일부를 만나죠. 일시적 조건에 따라 두드러지는 나의 어떤 면이, 상대방의 어떤 면을 만나는 겁니다.

우리 마음은 실시간 처한 환경, 상황, 기분에 따라 어느 한쪽으로 주의가 치우쳐집니다. 그에 맞춰 의식이 흘러가고 생각과 감정이 만들어지지요. 그때는 그게 중요해 보입니다. 조금만 지나면 다른 것이 더 중요하게 생각됩니다. 누구나 자신이 일관된 사람이라고 믿고 싶어 하지만 사실은 변덕스럽고 불안정합니다. 사람에 따라 그것을 잘 들키거나 들키지 않도록 조절하는 정도의 차이가 있을 뿐이죠.

대개는 내 기대와 욕망이 이끄는 대로 내 마음에서 뭔가를 꺼내 상대방에게 씌워버리고는 그게 곧 그 사람이라고 굳게 믿지요. 모든 관계에서, 의식할 새 없이 물 흐르듯 자연스럽게 일어나는 일입니다. 타인의 일부분만 보았으면서 마치 전체를 본 것처럼 과장해서 좋다, 싫다 판단하고 분류합니다. 내 결핍을 채워줄 수 있을 것 같으면 좋아하고, 내가 원하는 대로 해주지 않으면 미워합니다. 그러면서도 그게 내가 연출하고 내 마음이 만들어내는 드라마임을 알지 못합니다. '그 사람'에게서 비롯된 감정이라고 믿습니다.

이미지와 이야기

완전히 갇힌 것 같은 느낌, 어디로도 출구가 없는 것 같고, 내 삶이 이대로 제자리만 맴돌다가 헛수고로 끝나버릴 것 같은 느낌이 든다면 어디를 찾아가야 할까요?

실제 현실이 아니라 자기 생각에 갇힌 것이 아닌지 살펴봐야 합니다. 자기가 만들어 놓은 이야기의 희생자가 되어버린 것은 아닌지 들여다볼 필요가 있습니다. 이건 또 무슨 소리일까요?

우리는 평생 이미지와 이야기에 의지해 살아갑니다. 과거의 경험으로부터 지금에 이르기까지 어떤 일들이 있었고 앞으로 어떻게 살아가려고 하는지, 자신에 대해 인식하고 표현할 때 하나의 이야기로 정리해 생각하고 말하는데요. 자기에 관한 이야기는 어떤 이미지를 중심으로 만들어집니다. 자기 자신에 관한 이미지 이거나 막연히 꿈꾸는 미래 삶에 대한 이미지일 수도 있고, '저런 사람이 되고 싶다'는 이상적인 역할 모델에 대한 이미지일 수도 있습니다.

우리가 꿈꾸고 바라는 모든 것들은 언젠가 보고 들은 이미지와 이야기에서 비롯됩니다. 소망이나 욕망에 '본래 내 것'은 없습니다. 직접 경험, 간접 경험을 통해 사진 하나하나를 모아 자기만의 앨범을 꾸리듯, 의식하지 못하는 사이에 선망하게 된 것, 의식적으로 결정하고 선택한 것들이 하나둘 모여 자신의 정체성이 됩니다. 우리 안에 있는 것들은 모두 그렇게 '모아서 만들어진 것들'입니다. 주변 사람들, 사회문화적 영향을 받지 않을 수 없지요.

어렸을 때 우연히 보게 된 음악가의 공연에 깊은 인상을 받아 장래희망을 음악가로 결정하기도 하고, 서로 헌신하는 아름다운 사랑의 모습을 영화에서 보고 이상적인 관계를 꿈꾸기도 합니다. 우리가 오래오래 기억하는 중요한 사건이나 사실들을 들여다보면 대개 어떤 선명한 이미지가 들어 있습니다.

이미지의 지배적인 영향력에 대해, 아일랜드의 시인 윌리엄 버틀러 예이츠(William Butler Yeats)는 이렇게 표현한 적이 있습니다.

"모든 사람에게는 자기만의 은밀한 삶의 이미지가 되는 하나의 장면, 모험, 혹은 어떤 그림이 있다. 지혜는 먼저 이미지로 말하기에, 그 사람이 계속해서 그 이미지를 곱씹는다면 그 하나의 이미지가 그의 영혼을 이끌어 갈 것이다."[9]

예이츠의 말대로 자신의 마음을 사로잡는 이미지, 많은 영향을 끼쳐 온 어떤 장면이나 순간의 풍경 같은 것을 면밀히 검토해볼 필요가 있습니다. 그 의미와 맥락을 곰곰이 들여다보면 자신의 성격 구조와 반응의 방식, 삶의 굴곡에 대해 잘 이해할 수 있게 됩니다. 하지만 많은 이들은 자기 삶의 방향을 좌우하는 이미지가 있다는 것조차 모릅니다. 자기 이미지나 역할 혹은 이야기에 집착하고 고수한다는 사실도 잘 알지 못합니다. 알지 못하기에 더 휘둘리고, 더 매입니다.

몇 년 전 심리상담 분야에서 유명한 어느 대학교수의 공개 강의에 참석했을 때의 일입니다. 참석한 사람들 대다수가 심리학을 전공한 대학생과 대학원생들이었는데, 그중 자원자가 무대에 올라가 자신에 대한 얘기를 털어놓으면 현장에서 바로 그 교수가 상호작용을 통해 그 사람의 성격 구조를 분석해주는 독특한 이벤트가 펼쳐지고 있었습니다.

한 여성이 가장 먼저 손을 들어 무대 위 의자에 앉았습니다. 20분이 넘도록 마이크를 붙들고 그간 힘들었던 자기 삶에 대해 구구절절 사연을 호소하듯 털어놓았는데요. 묘한 부담으로 숙연해진 청중을 단번에 구제해준 것은, 교수님의 첫 마디였습니다.

"○○○ 님은 왜 그렇게 착한 사람 역할만 고집하세요?"

사연을 얘기했던 사람은 당황스럽지 않을 수 없었죠.

"네?"

"자신이 얼마나 착하고 이타적이고 헌신하는지, 20분 동안 내내 그 얘기만 하셨잖아요?"

누구나 다양한 면모를 가지고 있는데, 굳이 특정 이미지나 역할에 집착해 그것만 고수하기 때문에 많은 억압과 갈등이 발생한다는 내용의 강의가 이어졌습니다. 스스로 피해자, 비극의 주인공 운명을 만들어 그 역할을 고수함으로써 주변 사람들도 그에 맞추어 상호작용하도록 이끈다는 것이었죠.

아이러니하게도 주변 사람들을 늘 챙기고 헌신적인 사람 곁에 있는 사람은 본의 아니게 이기적이고 나쁜 사람이 됩니다. 지나치게 부지런하고 좋은 엄마는, 자신도 모르는 사이에 아이 아빠를 게으르고 나쁜 사람으로 만들어버리죠. 불안정하고 충동적인 성향의 부모 밑에서 자란 사람은, 믿을 수 있고 예측 가능한 사람이 되기 위해 전력투구하느라 그 밖의 중요한 다른 가치들을 놓치기 쉽습니다.

자신을 이끄는 이미지가 어떤 것인지 생각해보신 적이 있나요? '나는 이래야 한다'거나 '그렇게 하면 절대 안 된다' 혹은 '반드시 이렇게 살아야 한다'와 같이 자신을 지나치게 경직되게 만드는 이야기에 갇혀 있지는 않나요? 내가 타인에게 드러내는 '나'의 이미지는 주로 어떤 건가요? 어느 누구에게도 보여주지 않으려는 나의 모습에는 어떤 것이 있을까요?

이미지도 이야기도 '본래 내 것'은 아닙니다. 어딘가에서 보고 듣고 품게 된 것이니, 일부 털어버리고 다른 것으로 보완해도 됩니다. 우리는 실시간 자신을 만들어가는 존재입니다. 몇 년 뒤에 어떤 사람이 되어 있을지는, 그 여정 동안 내가 나에게 어떤 이미지를 보여주고 어떤 이야기를 들려줄 것인가에 달려 있습니다. 마음에 들지 않는다고 해서 다른 사람에게 책임을 전가할 수 없고, 어느 누구도 대신 해줄 수 없습니다. 내가 자주 보는 이미지가 내가 됩니다. 내가 자주 하는 이야기가 내가 됩니다.

판단과 경험

어떤 사람이나 현상, 사건의 '전부'를 보는 것은 과연 가능할까요? 내 시각과 입장에 따라 일부 축소되거나 부풀려지지 않은, 있는 그대로의 '전부'를 알거나 경험할 수 있을까요?

우리 모두는 각자의 맥락 안에서 삽니다. 과거의 일을 기억하고 그것을 토대로 미래의 일들을 예측하지만 모두 '자기중심적'으로 합니다. 내 쾌 혹은 불쾌를 중심으로 정보를 편집하고 저장하거나 삭제합니다. 그런 의미에서 우리는 기껏해야 자기 몸, 자기 뇌 안에서 살다가 죽는다고도 말할 수 있습니다. 그러니 대체로 우리는 타인의 맥락을 모릅니다. 타인을 자기 맥락으로 규정하고 평가합니다. 같이 사는 부부도, 가족도 서로 안다고 착각하거나 피상적으로 알 뿐, 서로를 잘 모르지요. 대부분의 경우에는 더 알려고 하지도 않습니다.

'그 사람은 이런 사람이고 누구는 어떠어떠하다', '나는 성격이 그래서 이걸 못한다.' 이처럼 몇 가지 개념이나 단어로 사람의 특성에 대해 규정하고 단정 짓는 것은 자기 이해, 타인 이해에 별로 도움이 되지 않습니다. 지나친 단순화, 일반화는 경험을 미리 제한할 뿐이죠. 사람 하나가 다른 존재들과 복잡하게 연결되어 있는 거대한 우주인데 과연 몇 가지 단어나 개념으로, 몇 줄의 문장으로 담아낼 수 있을까요? 무어라 말하든 지극히 일부에 불과하고 한쪽으로 치우친 생각일 겁니다.

하지만 간단명료하게 몇 마디로 정리하면 자신이 상황을 어느 정도 통제할 수 있을 것처럼 느끼기 때문에 우리는 서로를 잘 알지 못하면서 쉽게 판단합니다.

편견과 빠른 판단은, 경험을 피하려는 장치입니다. 경험은 통제가 불가능하지요. 무언가를 하거나 하지 않을 수는 있지만, 그로 인해 이후에 어떤 것을 겪게 될지 정할 수는 없습니다. 한 시간 동안 공원을 산책하거나 누군가를 만나 대화를 할 때, 우리가 무엇을 경험하게 될지 미리 정하거나 통제하는 방법은 없습니다. 경험의 본질은 '알 수 없음'에 있지요. 새로운 회사에 출근하는 첫날, 앞으로 어떤 일을 겪게 될지 짐작할 수 없습니다. 무엇을 경험할지 세부 내용을 정하고 여행을 떠나거나 연애를 시작하지도 않지요. 그 과정이, 결과가 어떨지는 아무도 모릅니다. 그게 경험의 신비입니다.

상황이 어떻게 펼쳐질지 '알 수 없음', 상대방이 어떤 모습을 보여줄지 '알 수 없음', 내가 어떻게 변하게 될지 '알 수 없음'과 같이 통제하기 어려운 요소들을 매우 꺼리고 최대한 피하려는 사람들도 있습니다. 타고난 기질적 성향 때문에 혹은 과거에 힘든 일을 너무 많이 겪어서 위협적인 요소를 줄이는 것이 최우선인 사람들도 있지요. 그런 사람들은 통제가 안 되는 상황을 극도로 싫어해서, 실제로 경험에 자신이 노출되기 전에 빨리 판단해서 빠져나오려는 경향이 있습니다. '이 사람은 이래서 이렇고, 저래서 저래' 혹은 '이건 딱 봐도 그런 상황이야', '불 보듯 뻔하니 더 만나볼 것도 없어'와 같은 생각으로 사전에 경험을 차단합니다. 그러면 자신과 주변이 안전하게 느껴지죠. 가족이나 친구들도 이렇게 자기 틀에 맞춰 안전하게 있도록 조언하고 돕지요. 자기 경험만 축소하는 게 아니라 주변 사람들의 경험도 축소하고 통제하려 합니다.

물론 상황을 잘 헤아리고 판단하는 것은 중요하지요. 하지만 누구나 자기 경험을 통해 성찰하고 시행착오를 통해 배울 권리가 있습니다. 불확실한 것, 알 수 없는 것을 하나하나 경험하면서 배우는 게 삶 아닐까요? 가족이든 친구든 연인이든 아무리 가까운 사이여도 삶을 대신 살아줄 수는 없습니다. 내 판단으로 누군가를 이끄는 것은, 그만큼 그 사람의 경험을 방해하는 결과를 낳지요. 시행착오를 줄이고 시간을 단축하는 것은 삶의 중요한 순간들을 생략하고 건너뛰는 것입니다. 당장은 유용하고 편리해 보여도, 그것이 장기적으로 어떤 영향을 끼칠지는 알 수 없습니다.

각자의 여정은 각자의 몫입니다. 옆에서 해줄 수 있는 가장 좋은 것은, 결과를 미리 계산하지 않고 과정을 함께하는 것입니다. 목적지를 내다보고 효과적인 코스를 짚어주는 것이 아니라 그냥 같이 걸어가는 것, 여정을 함께하는 것, 어쩌면 그것이 우리가 서로에게 해줄 수 있는 전부일지 모릅니다.

3장 관계_
내가 모든 존재와
연결되어 있다는 것은 무슨 뜻일까?

"다른 사람에게서 분리된 '나'라고 하는 것은 없다.
나는 모든 존재와 연결되어 있다.
'나'라고 하는 것은 따로 존재하는 것이 아니라 텅 비어 있는 것이다.
하나의 꿈이자 환영이자 거품이자 그림자이며
이슬 한 방울이거나 번개의 번쩍임 같은 것이다." [10]

_오쿠무라 쇼하쿠

절호의 기회

누군가와 진정한 관계를 맺고 싶을 때 우리는 어떤 것을 기대하나요? 내 약점이나 단점, 취약한 모습이 드러났을 때 상대방이 그것까지 있는 그대로 받아들여 주기를 바랍니다. 진지하게 관심을 가져주고 괜찮다고 말해주기를 바랍니다.

하지만 내가 고민 끝에 어렵게 털어놓았는데 상대방이 정작 이렇게 반응한다면 기분이 어떨까요?

"뭘 그렇게 어둡게 생각해? 긍정적으로 생각해야지."

"맛있는 거 먹고 잊어버려."

불편한 얘기는 듣고 싶지 않으니 편안한 얘기, 듣기 좋은 소식만 전하라는 것으로 들리지 않나요? 그런 사람과 좋은 관계로 가꾸어갈 수 있을까요?

　나 자신과의 관계도 마찬가지입니다. 내 안에 일어난 일, 감정과 감각을 있는 그대로 보고 듣고 말할 수 있어야 합니다. '긍정적인 생각'으로 빨리 덮어버리려고 하거나 얼른 기분을 전환하려고 음식이나 영상으로 주의를 돌리는 것은 내 경험을 회피하고 내 일부를 외면하는 일입니다. 그럴수록 사이는 멀어지겠죠.

　이게 습관처럼 반복되어 자기 내면의 경험에 연결되지 못하는 사람들은 타인과의 관계도 피상적입니다. 내 안의 힘든 것도 외면하고 회피하는데 타인의 힘든 것을 어떻게 같이 경험할 수 있을까요? 자기 자신과의 관계가 견고해야 타인과의 관계도 깊어질 수 있습니다. 사람들은 대개 통찰이나 알아차림이 관계와 별개인 것처럼 생각하지만 둘은 매우 긴밀하게 연결되어 있습니다.

　관계는 내가 '어떻게' 이것을 경험하고 있는가의 작업입니다. 얼굴이 붉어지는지, 머릿속이 하얘지는지, 가슴이 쿵쾅거리는지, 배가 쓰라린지, 팔다리가 저린지, 어깨가 묵직하고 뻣뻣해지는지 느낍니다. 생각이 시끄럽게 요동치는 것도 그 자체로 느낍니다. 분석하지 않고 평가하지 않고 내버려 둡니다. 다만 귀를 기울입니다. 내가 경험하고 있는 그 내용으로 들어가 몸을 푹 담그는 겁니다. 마치 욕조 안에 몸을 푹 담그듯이 말이죠.

　통찰은 '왜' 그렇게 경험하는가의 탐색입니다. 내 입장에서 빠

저나와 상대방의 입장으로 가봅니다. 둘 다가 아닌 제3자의 입장으로 가볼 수도 있습니다. 때로는 그 비슷한 일을 겪었던 과거 나의 입장을 봅니다. 혹은 미래 나의 입장으로 가봅니다. 이리저리 관점을 이동해 같은 일을 다각도로 들여다봅니다. '그 사람은 정말 자기중심적이야!'라고 비난했다면 '그런 판단을 하는 나 역시도 자기중심적인 것 아닐까?'라고 돌려 물어봅니다. 모든 화살을 한번 내게로 돌려봅니다. 왜 나는 꼭 그렇게만 경험해야 하는지, 왜 그런 감정과 그런 생각에 사로잡히는지 한번 물어봅니다. 속 깊은 친구가 물어보듯 다정하게 물어봐야 합니다. 그래야 순순히 응답할 겁니다.

우리가 오랜 습관을 끊고 변화하려면, 삶을 도약하려면 이 두 가지 방향의 작업이 모두 필요합니다. 이것이 이 책에서 강조하는 '관계와 통찰'의 의미입니다. 관계는 자기와의 관계, 타인과의 관계를 모두 포함합니다. 어차피 둘은 하나입니다. 자기와 소원하면서 타인과 좋은 관계를 맺을 수는 없으니까요.

젊었을 때 자기 이해, 타인 이해를 위해 자기중심성을 알아차리고 멈추는 훈련을 꾸준히 한 사람들은 나이가 들어도 계속 성숙하고 발전할 수 있지만, 아무것도 해놓지 않고 노인이 되면 지혜는커녕 '자기중심성'에 더 똘똘 갇히게 됩니다. 이에 대한 신경과학적 증거[11]가 있습니다.

감정적 자기중심성 편향, 즉 자기 감정을 상대방에게 그대로 투사해서 내가 기분이 좋으면 타인도 좋고, 내가 기분이 나쁘면 타인도 나쁠 거라고 생각하는 정도를 뜻하는 EEB(Emotional Egocentricity Bias)를 나이대로 나누어 측정해보았더니 그래프의 좌우, 청소년(12~17세)과 노인(63~78세)은 편향이 높고, 20~55세까지의 성인은 상대적으로 편향이 낮은 U자 커브의 형태가 나왔습니다. 이는 자기 감정과 타인의 감정이 불일치할 때 맥락을 조망하면서 자신의 편향을 조절할 수 있는 인지 능력의 수준을 보여줍니다. 10대는 두정엽에 있는 관련 뇌 회로가 아직 덜 발달해서, 60대 이상은 전반적 뇌 집행기능이 떨어져서 자신의 감정 상태를 투사해 상대를 왜곡해서 파악하는, 감정적 자기중심성에 갇힐 가능성이 높다는 것을 뜻하지요.

우리의 감정이나 욕망은 신념과 마찬가지로 그 자체로는 좋지도 나쁘지도 않습니다. 하지만 감정이나 욕망에 대한 집착은 종종 우리의 시야를 좁혀 '그게 아니면 결코 안 될 것'처럼 인식하게 만들지요. 자신의 경험, 느낌과 생각이 세상의 전부인 것처럼 편향해서 느끼게 만듭니다. 오류로 왜곡된 해석을 '진짜 세계'처럼 보게 합니다. 고통을 키우는 것은 사건도 타인도 상황도 아니고, 결국 좁아진 각자의 시야이며 그 뿌리에 들어 있는 자기중심성이지요.

우리가 평생 자기중심성을 넘어서기 위해 각성하고 또 각성해야 하는 이유는 세상을 위해서가 아닙니다. 그것이 각자의 좋은 삶, 만족스러운 삶, 행복한 삶을 위한 유일한 길이기 때문입니다. 삶의 질은 생명의 보편성과 상호연결성을 얼마나 명확히 이해하고 있는가 하는 데서 나옵니다. 이를테면, 감정적으로 격앙될수록 우리의 주의는 자기 입장에 들러붙게 되어 있는데, 이때 그것을 툭 끊어내고 상대방의 입장, 타인의 맥락으로 주의를 돌릴 줄 아는 능력을 말합니다. 도겐 선사께서는 명상(좌선)을 해서 깨닫는 것이 아니라 깨달은 사람이 앉는다고 하셨는데 이는 평소 보편성과 상호연결성을 얼마나 체득하고 있는가, 고속도로를 쌩쌩 달리는 자기중심성의 내러티브에 슬그머니 올라타지 않고, 그 허구성을 알아차리는 순간 멈추어 더 나은 행위로 '갈아탄' 적이 얼마나 있는가의 문제를 말씀하셨다고 볼 수 있습니다.

우리에게 오는 사람들은 모두 나를 비추는 거울입니다. 모든 관계는 각자의 수행 상태를 보여주기 위해 있다고 해도 과언이 아닙니다. 관계는 감정을 일으키고 감정에 대한 알아차림은 우리 자신과 타인을 돌보게 하지요. 알아차려야 조절이 가능하고, 미세하게, 정확히 알아야 관점 이동도 가능합니다.

모든 만남과 인연은 보편성과 상호연결성을 구체적으로 이해할 수 있도록 부여된 소중한 기회입니다. 갈등도 긴장도 싸움도, 나아가기 위한 더없이 좋은 기회이지요.

피하려 할수록 돌아오는 문제

상대방이 그렇게 나쁘게 말한 건 아닌데 나도 모르게 과격하게 반응할 때가 있습니다. 어떤 경우에는 상대방이 별 의미 없이 한 말에 혼자서 상처받고 관계를 끊어버리기도 합니다. 시간이 좀 지나면서 감정이 수그러들면 조금은 의아하게 생각되기도 합니다.

'그렇게까지 할 필요는 없었는데……'

감정이 슬슬 고조되어 가면서 느껴지는 초조함, 불안정함, 열기, 충동, 강렬한 에너지가 있습니다. 감정은 그와 관련된 생각들을 키워가고, 생각이 과장되면서 감정은 더욱 커집니다. 더 이상 가만있을 수 없게 되면 말과 행동이 튀어 나가겠죠. 이제 고통의 악순환이 시작된 겁니다. 만약 여러분이 감정을 이렇게 걷잡을 수 없게 키워나가는 것이 바로 나 자신임을 안다면, 멈출 수도 있습니다. 피해의식, 불편함, 불쾌함이 슬슬 고개를 들면서 몸집을 부풀려 나가기 시작할 때, '지금 여기'로 정신을 차려 돌아오는 것입니다. 생각 속으로, 판타지 속으로 도망가기 때문에 부정적인 감정이나 생각이 더 커지는 것이죠. 온갖 추론과 상상을 보태어 머릿속에서 드라마를 써나가는 일, 그것을 멈추어야 합니다.

우리가 왜 이런 드라마를 쓰는지를 잘 생각해봐야 합니다. 사실은 불편한 감정이 감지될 때 그것을 빨리 떨치거나 없애려고 하니까 생각이 발동하는 것이거든요. 그 감정의 원인을 알아내어 해결책을 찾으려고 탓할 일이나 상황, 문제 대상을 찾게 됩니다. 그 과정에서 감정에 또 다른 감정과 생각들이 덧붙여지면서 내면의 문제는 점차 커나가게 됩니다. 그러니 감정을 덮거나 바꾸려고 하지 말고 그대로 함께하는 것, 계속 깨어서 지켜보는 것이 악순환의 고리를 끊는 비결입니다.

만약 불편한 감정이 느껴질 때마다 주의를 다른 데로 돌리거나 원인을 찾아내려고 분석하는 것이 효과적이었다면, 아마 많은 정신건강 전문가들이 계속 그렇게 하라고 권장하겠지요? 그리고 여러분은 이미 다양한 감정적 문제들로부터 자유로워졌을 것입니다. 그런데 지금 어떤가요? 자유로워졌나요, 아니면 더 복잡하게 얽혀 들어갔나요? 불쾌한 감정을 빨리 없애고 해결하려는 노력들이 역설적으로 그 감정에 더 휩싸이고 매몰되게 합니다. 습관적으로 했던 대응 방식이 별로 효과적이지 않다는 것을 보여주는 증거입니다.

감정과 통증에는 많은 공통점이 있습니다. 가장 대표적인 것은, 그것을 억지로 없애려고 할수록 더욱 큰 장애가 된다는 것입니다. 억압할수록 더 강해지고 두드러집니다. 생각도 비슷합니다. 나쁜 생각이니까 하지 말자, 그렇게 금지하거나 억압하면 더 많이 생각납니다. 왜 그럴까요? 이를 설명하는 심리학 원리는 여러 가지가 있는데요, 간단히 얘기하면 주의가 그쪽으로 더 쏠려서 그렇습니다. '하지 말아야 돼!'라고 스스로 말하는 순간 '무엇을?'이라는 단서에 주의가 쏠리는 거죠. '우울하면 안 돼!' 하면 우울에 더 초점이 맞춰지고요, '불안하면 안 돼!' 하면 자동적으로 불안과 관련된 단서에 더 민감해집니다. 피하려다가 더 걸려드는 격이랄까요. 이처럼 싫은 경험에 대해서는 어떻게 대처하는 것이 가장 좋을까요?

억지로 만들어내는 자기 이미지

우리는 모두 자기가 좋은 사람이라고 믿고 싶어 합니다. 타인이 누군가에게 피해를 주는 행동을 하면 그건 그 사람이 나빠서 그런 거고, 자신이 누군가에게 피해를 주는 행동을 하면 '그럴 만한 이유가 있을 것이기 때문'에 논리를 만드느라 머릿속이 바빠집니다. 특정한 상황이나 조건들 때문에 내가 이렇게 되었다고 원인과 결과를 스스로 연결 짓습니다. 이처럼 내가 나한테 나를 설명하는 방식과 스토리가 정체성이지요. 여기에는 사람마다 일관된 패턴과 흐름이 있습니다. 그게 흔들리면 위협적이니까 이야기를 보태거나, 수정하거나 일부 빼면서 자기 이미지를 지키려 합니다.

때로는 이야기가 무너지기도 합니다. 앞뒤가 맞지 않거나 논리가 흔들려서 이야기가 휘청하는 순간이 있지요. 그러면 얼른 다른 조각을 가져와 끼워 넣습니다. 원래 내 것이었던 것처럼 이어 붙이고 바느질을 합니다. 자기 이미지 혹은 정체성을 일관되게 만들려고 애를 쓰지요. 이 과정에서 자연스럽게 주의가 한쪽으로 쏠리게 됩니다. 의도에 부합하는 것만 보고 듣게 됩니다. 실시간 일어나는 진짜 삶의 풍경을 볼 수 없죠. 있는 그대로 경험하지 않으려고 예단하거나 차단하거나 생각으로 덮어버립니다. 원치 않는 생각이나 느낌, 감각을 과도하게 부정적으로 평가하고 회피하거나 통제하려 하는 것, 심리학자들은 이를 경험 회피(experience avoidance)라 부릅니다.

내 의도대로 통제하고 방어하려는 마음은, 지금 참여하고 있는 활동이나 만남에 온전히 들어가지 못하게 합니다. '내가 이것을 잘하고 있는지' 확인하느라 하는 일에 전념하지 못합니다. 지금 마주하고 있는 사람의 얼굴을 보는 게 아니라, 누구를 만나도 자기 얼굴을 의식합니다. 자기 이미지를 생각하고 평가하고 만드는 데 많은 시간과 에너지를 허비합니다. 자기를 이해하려면 먼저 자신이 처한 환경과 조건에 실시간 어떻게 반응하고 있는지를 섬세하게 들여다봐야 합니다.

많은 이들이 '나를 사랑하는 게 어렵다'고 토로합니다. 자기가 자신을 별로 좋아하지 않는 것 같은데 어떻게 해야 하는지 고민하지요. 끊임없는 생각으로 우리는 없던 문제도 만들어냅니다. 나름대로 잘 살아온 사람이 갑자기 어느 날 '나를 사랑할 수 없다'는 고민에 빠지면서 자신에게 매우 심각한 문제가 있는 것처럼 생각하지요.

내가 나를 '대상화'해서 나를 사랑하는지, 사랑하지 않는지 평가하는 것 자체가 이상한 일 아닐까요? '나를 사랑한다'고 할 때 주체는 무엇이고 대상은 무엇인가요? 그때의 주어(나)와 목적어(나)는 다른 건가요? 사람들 앞에서 자기를 과시하는 것이 자기 사랑인가요? 어떤 상황에서도 늘 자기 자신이 자랑스럽고 좋아야 하나요? 뭔가 인위적이고 어색하게 느껴집니다.

자기 자신을 사랑하자고 외치거나 내가 소중하고 가치 있는 사람이라고 억지로 생각을 만들어낼 필요가 없습니다. 모든 생명은 이미 소중하고 대단합니다. 꽃 피고 새 울고 사람들이 걸어가는 것이 기적입니다. 살려고 애쓰는 움직임 하나하나가 기적입니다. 그러니 지금까지 함께해온 자신에 대한 예의, 여기까지 데려다준 인연들에 대한 감사함, 그 정도면 충분합니다.

자신을 타인과 자꾸 비교하면서 마음에 안 드는 부분은 가리고, 자랑스러운 부분만 드러내려고 할 때 긴장이 일어납니다. 자기를 검열하고 편집하느라 타인을 대할 때 불안해지고 노력을 많이 하게 됩니다. 시시각각 자신의 어떤 면들을 판단하면서 통제하는 사람은 타인에게도 그렇게 대합니다. 마음에 들지 않는 구석이 있어도 차별하지 않고 자신의 전부를 받아들일 때, 타인도 있는 그대로 받아들일 수 있습니다.

위기의 진짜 의미

때로는 교통사고처럼 뜻하지 않은 상황에 처할 때가 있습니다. 계획대로 되기는커녕 전혀 예상하지 못한 일이 일어나거나 크고 작은 사건이 겹치면서 무너지기도 합니다. 너무나 힘든 경험, 고통스런 감정을 회피하거나 통제하려 하지 않고, 있는 그대로 받아들이려면 어떻게 해야 할까요?

우선, 위기를 잘 이해해야 합니다. 대개 위기는 일상을 정지시키죠. 관성대로 움직이고 말하고 생각하던 것을 멈추게 합니다. 일관성, 정체성을 흔들어대죠. 익숙한 방식과 기존의 스토리로 대처할 수 없다고 사이렌이 울려댑니다. 우리는 이때 두 가지 방법 중 하나를 택할 수 있습니다. 쉽지만 해로운 방법이 있고, 어렵지만 이로운 방법이 있습니다.

전자는 '방어'입니다. 방어는 내가 아는 방식으로만 대처하겠다는 고집입니다. 통제하려는 마음이지요. 위기 상황에 대응할 에너지를 공급하기 위해 뇌에서는 코르티솔(cortisol)을 뿜어내고 온몸은 긴장 태세로 접어들지요. 주먹을 꼭 쥐고 위험 신호만 주시하는 긴장 상태는 달려오는 자동차를 피하거나 위협적인 사람에게서 도망칠 때 효과적입니다. 하지만 이를 오래 지속하면 신체 호르몬 균형이 깨져서 자신에게 결국 해가 되지요. 실제 위협보다 마음속에서 자라는 위협이 더 커지면 만성 불안에 시달리게 됩니다.

이보다 조금 어렵지만 잘 익혀두면 장기적으로 득이 되는 방법이 있습니다. '방어'를 뒤집으면 됩니다. 즉 '방어하지 않는 것'입니다. 달려오는 자동차 앞에 자신을 방치하라는 것이 아니라, 자동차를 피하고 난 뒤에 자동차에 대한 생각을 그만하라는 것입니다. 위협적인 사람이나 상황을 피했으면 그 생각을 그만하는 것입니다. 만약 위협적인 일이 곧 닥칠 거라 예상된다면 그때그때 내가 할 수 있는 것에만 집중하고 나머지는 내려놓습니다. 미리 앞질러 가서 온갖 시나리오를 쓰면서 마음이 혼란해지면, 위기에 제대로 대처하기 어려워집니다. 우리 마음은 여기저기 자유롭게 여행할 수 있기 때문에 '문제 해결'을 핑계로 '현실 회피'를 할 가능성도 높아지지요. 그럴 때는 마음을 데려와야 합니다. 기준은 늘 '몸'입니다. 몸이 있는 시공간에 마음도 같이 있어야 합니다. 과거나 미래로 혹은 먼 곳으로 생각이 잠시 가 있더라도 달래서 데려와야 하지요. 예측할 수 없고 통제할 수 없는 일들에 대해서는 "일어나는 일 그대로 겪어 나가겠다"고 자신을 믿고 마음을 툭 내려놓는 것이 가장 효과적인 대처입니다. 통제할 수 없는 것을 통제하려는 마음의 몸부림을 멈추면, 상황을 왜곡하지 않고 있는 그대로 잘 볼 수 있어서 본래의 지혜를 잘 발휘하게 됩니다.

그동안 삶을 어느 정도 예측 가능하고 통제 가능한 것처럼 착각했음을 비웃기라도 하듯, 위기는 삶의 맨얼굴을 드러냅니다. 불확실성이 아주 커진 것처럼 느껴지지요. 감정이 동요하고 머릿속은 혼란스러워집니다. 그러면 우리 각자가 지닌 경향성, 반복되던 패턴이 아주 선명해집니다. 오랫동안 해온 생각, 말, 행동이 튀어나오기 쉽습니다. 이때 '익숙한 패턴'을 반복하면 우리는 본의 아니게 과거의 자신을 그대로 복제하는 결과를 낳게 됩니다.

원망하고 탓할 사람을 찾는 습관, 자신의 취약점을 가리기 위해 상대방을 공격하는 습관, 아무 일도 아닌 것처럼 무시하고 회피하는 습관, 더 큰 문제를 일으켜서 작은 위기를 덮는 습관, 자신을 공격하고 해치는 습관, 술이나 약물 등 감각적 자극으로 도망가는 습관, 집안일이나 회사 업무로 자신을 과도하게 몰아대는 습관 같은 것들은 실시간 자신에게 일어나는 경험을 만나지 않기 위해 주변을 산만하게 만드는 전략입니다. 위기가 올 때, 익숙한 질서가 무너지고 삶이 맨얼굴을 드러낼 때는 자신도 모르게 반복해온 패턴이, '자기 주제'가 전면에 드러나지요.

이와 동시에 고착화된 패턴을 전복할 수 있는 절호의 기회가 마련됩니다. 일상이 안정되어 있을 때는 익숙한 방식에 문제가 있다는 생각을 잘 하지 못합니다. 하지만 위기가 일상을 뒤흔들어버리면, 기존의 방식이 먹히지 않는다는 것을 알게 됩니다. 위기는 우리에게 다르게 대처하라고 요구합니다.

처음에는 대체 행동을 찾기 어렵습니다. 그럴 땐 하던 것을 멈추기만 해도 큰 성과입니다. 공격적인 말을 끊어버리고 침묵합니다. 부산한 행동으로 도망가는 것을 알아차리고 멈춥니다. 생각과 판단이 뭉게뭉게 피어오르기 직전에 단칼에 끊어버립니다. 모든 움직임에는 틈이 있습니다. 그 틈을 찾아내어 멈추는 겁니다.

우리는 일상을 마치 하나의 영상처럼 연속된 것으로 인식하지만, 사실은 수많은 스틸 사진이 연이어 놓여 있는 것에 더 가깝습니다. 사진과 사진 사이에 틈이 있는데 우리의 예측과 해석이 들어가면서 자연스럽게 영상으로 보이는 것이죠. 그 예측과 해석이 바로 감정과 생각입니다.

다음 순간 내가 어떤 사진을 보게 될지는 알 수 없으나 내 마음이 스토리를 부여하고 의미를 만드는 방향으로 주의가 쏠리기 때문에, 이전의 감정과 생각이 가리키는 방향으로 사진을 보고 해석할 가능성이 높아지는 거죠. 그게 카르마입니다.

삶이 잘 안 풀린다며 운명, 업보, 카르마를 언급하는 분들이 있는데, 엄청난 위력을 발휘하는 것은 내 과거가 아니라 지금 이 순간의 내 경향성, 말과 행동, 생각 하나라고 할 수 있습니다. 지금 어떤 생각, 말, 행동을 선택할 것인가에 따라 다음에 겪는 일이 달라집니다. 매 순간 내 운명은 바뀐다고 해도 과언이 아닙니다.

따라서 위기는, 선명해진 자기 주제를 알아차리고 그로 인한 생각, 말, 행동의 연결고리를 습관처럼 따라가는 것이 아니라 틈을 발견할 수 있는 절호의 기회입니다. 세속의 관점에서 위기는 피해야 할 것이지만, 지혜의 관점에서 위기는 습관에 기대어 살아온 나를 죽이고 새로 태어날 수 있는 절호의 기회입니다. 그래서 깨달은 분들은 위기의 순간에 무언가를 더 하려고 애를 쓰지 말고, 우리가 만들어내는 모든 습관을 그저 멈추어 그 '순간'에 쉬라고 합니다. 틈을 보라는 것이죠. 내 마음에 비치는 영상을 수동적으로 따라가지 않고 습관적 예측과 해석이 스틸 사진들을 하나의 영화로 만들어내고 있음을 알아차리면, 되풀이되는 주제, 패턴, 경향성을 멈춰 무력화시킬 수 있습니다. 이것이 평소 수행을 해야 하는 이유입니다.

위기를 온몸으로 겪고 나면 우리는 그만큼 성장합니다. 기존의 대처 방식에만 집착하지 않게 되기 때문에 한결 자유로워지죠. 새로운 방식을 배울 수 있습니다. 삶은 문제가 아닙니다. 삶을 '문제'의 연속으로 본다면 해결하기 위해 늘 방어하고 통제해야 하지만, 삶을 '경험'의 연속으로 본다면 어디서도 배울 수 있습니다.

위기 안에 기회가 있습니다. 무지와 번뇌 안에 지혜가 들어 있습니다. 모든 위기는 기회입니다. 기존의 나를 죽이고 더 큰 나로 태어날 수 있는 기회입니다. 선입견, 고정관념, 아집, 피해의식은 모두 과거입니다. 과거가 지금의 나를 지배하지 못하도록 과거의 관념들을 죽이고 새로 태어나라는 주문, 그것이 위기의 의미입니다. 그러니 위기를 만났다면 눈을 크게 뜨고 마음을 활짝 열어두어야 합니다. 멀리 봐야 합니다. 위기의 파도에 몸을 맡기고 힘을 빼면, 파도는 우리를 새로운 해안선으로 안내해줄 테니까요.

증상과 뿌리

눈에 띄는 위기가 없다 해도 사실 우리 마음은 매일매일 불타는 집에 있는 것과 비슷합니다. 하루도 쉬지 않고 짜증, 불만, 화, 공격성이 일어나죠. 버스가 제때 오지 않거나 지하철에 사람이 너무 많거나 길거리에서 누군가가 팔을 툭 치고 갈 때 마음이 일렁이죠. 바빠 죽겠는데 회사 동료가 일을 잘 몰라서 내게 부담을 안기거나, 약속을 어겼으면서도 제대로 사과하지 않거나, 애써서 도와주었는데 당연하게 받아들일 때 마음이 일렁입니다. 하지만 부정적인 감정을 드러내면 서로 곤란한 상황이 되기 때문에 꾹 참습니다. 대개 다른 곳으로 주의를 돌리는 방식으로 상황을 모면합니다. 겉으로 드러나지 않으면 별문제가 아니라고 생각하지요. 그런데 사실은 사라지는 것이 아닙니다. 내 몸과 마음에서 일어나는 생각, 감정, 감각들은 모두 자취를 남깁니다.

프로이트(Freud)라면 이렇게 말했겠지요. "무의식은 하나도 잊지 않는다"고요. "억압된 것들은 모두 돌아오기 마련(return of the repressed)"이기 때문에 종로에서 뺨 맞고 한강에서 눈 흘기듯, 엉뚱한 곳에서 분노를 터뜨리거나 다른 증상으로 나타날 수 있습니다.

행동은 대개 불편한 자극을 덜어버리려는 반응인데요. 타인에게 공격성을 토해내는 것이 여의치 않으면 자기 자신을 향하기도 합니다. 자신을 괴롭히는 것이죠. 과도하게 운동을 시키거나 잠시도 쉬지 못하게 계속 일하도록 몰아붙이기도 합니다. 음식이나 술, 약물을 가지고 자신을 힘들게 하기도 합니다. 타인에게는 늘 예의 바르게 행동하고 배려하면서도 자신에게는 어마어마하게 혹독하게 대하는 사람들이 많이 있습니다. 자신을 함부로 보고 가장 함부로 대하는 사람은 언제나 자기 자신이지요.

이런 모습을 증상으로만 분류하면 '완벽주의', '강박', 'OO 중독' 등으로 다른 이름이 붙습니다. 하지만 그 뿌리는 '공격성' 하나입니다. 자신의 공격성을 잘 들여다보고 이해하면 증상이 완화될 수 있습니다. 공격성은 좌절의 축적이죠. 좌절은 기대나 예상이 꺾인 것입니다. 어떠어떠한 것을 바라는 마음이 없다면 애초에 좌절이 일어나지 않죠. 바라는 마음은 크든 작든 자기 뜻대로 통제하려는 마음입니다. 다른 사람을 혹은 상황을, 사건의 전개를 자기가 미리 그려놓은 그림에 끼워 맞추려는 것이죠.

하지만 상대방은 또 다른 그림을 갖고 있겠죠. 게다가 세상은 너무 복잡하고 변수가 많으니 그 기대는 어긋날 때가 더 많을 것입니다. 그러니 무언가를 바란다면, '좌절과 시련이 곧 닥치겠구나'를 같이 염두에 두어야 합니다. 우리가 살아 있는 동안 바라는 마음이 아예 없을 수는 없겠지만 바라는 마음 때문에 그 모든 공격성이 시작된다는 것을 명확히 알아차려야 합니다. 그러면 무엇이 달라질까요?

화가 누구누구 때문에, 어떤 사건이나 상황 때문에 일어났다는 생각 자체를 덜 하게 됩니다. 내 마음에서 공격성이 일어나는 순간, 바깥이 아니라 내 마음을 먼저 보게 되지요. '내가 어떤 기대로, 어떤 예상을 하면서 누구를, 무엇을 통제하려 했나?' 질문하면서 일렁임의 본질을 들여다볼 수 있습니다. 공격성을 행동으로 덜어버리거나 분산시키지 않고 한 겹 한 겹 꿰뚫어 들어가다 보면 자기에 대해 더 깊이 이해하게 됩니다.

어려움 한가운데로 들어가 앉기

잃은 돈을 만회하기 위해 대출받아 투자했다가 더 크게 손해를 보거나 이별로 인한 상실감을 잊기 위해 급하게 새로운 연애로 뛰어들어 더 큰 곤란에 처하는 등 우리는 종종 작은 불행을 덮기 위해 큰 불행을 만들어냅니다. 처음에는 그게 더 큰 불행을 자초하는 선택이라는 걸 모릅니다. 출구를 찾는 사람에게는 모든 것이 출구로 보이기 때문에, 하늘에서 내려온 동아줄이라도 잡듯 덥석 움켜쥐지요. 특히 불안한 상태에 있는 사람들은 위기를 기회로 잘못 판단할 가능성이 더 높습니다. 지금 이 상황보다 더 나쁠 것이 없어 보여서 조급히 변화를 시도하죠. 하지만 얼마 지나지 않아 상황이 더 악화됐다는 것을 발견하게 되기도 합니다. 감정적으로 크게 동요하거나 불안하고 초조할 때, 마음이 급해질 때일수록 새로운 일을 통해 돌파구를 마련하고 싶어지지만 사실은 그때가 가장 행동에 주의를 기울여야 할 때입니다.

프랑스 철학자 블레즈 파스칼(Blaise Pascal)의 고전적 명저《팡세(Pensées)》에는 이런 구절이 나옵니다.

"나는 사람들의 모든 불행이 한 가지 사실에서 비롯된다는 것을 발견했습니다. 자기 방에 조용히 있을 수 없다는 것입니다."

파스칼은 이어 설명합니다. 하루하루가 쉽고 평화로우면 자신의 불행한 상태를 떠올리게 되기 때문에 이를 잊기 위해 사람들은 분주함을 추구한다고요. 자신이 불행하다는 사실을 생각하지 않기 위해, 뭔가 불편한 마음을 회피하기 위해 끊임없이 자신을 바쁘게 만들고 힘들게 만든다는 겁니다. 때로는 오락거리로, 때로는 일로 몰아대면서 스스로 생각하지 못하게 한다는 것이죠. 파스칼이 살던 시대에는 사냥이 주요 오락거리 중 하나였는데요. 겉으로 보기에는 무언가를 찾고 쫓고 잡기 위해 사냥을 하는 것 같지만 사실 그들에게 정말 필요한 것은 사냥감이 아니었죠.

"자신이 추구하는 것이 사냥감이 아니라 쫓아가는 것 그 자체라는 것을 그들은 알지 못한다"고 파스칼은 썼습니다.

우리가 살아온 날들을 가만히 돌아보면 그때는 그것이 전부처럼 생각되어 꼭 필요하거나 해야 한다고 여기지만, 시간이 지나면서 다른 양상이 전개되는 경우가 많이 있습니다. 추구는 끝날 줄을 모르나, 추구하는 대상은 계속 바뀌지요. 취향이나 욕망, 기대와 소망은 항상 있지만 그 내용은 변합니다. 뭔가를 늘 바란다는 사실만 변치 않고, 그 '뭔가'는 계속 변화합니다.

그렇다면 어떻게 해야 현명한 행동일까요? 위의 구절에서 파스칼은, 아무 일도 하지 않고 자기 방에 꼼짝없이 앉아 있는 것이 지혜롭다는 얘기를 하려는 걸까요? 물론 아닙니다. 불만족스러운 현실이나 불편한 감정으로부터 시선을 돌리기 위해 자신을 일부러 산만하게 만들려는 경향, 뭔가 기대할 거리를 만듦으로써 현실이 나아질 거라고 자꾸 자신을 속이려는 경향이 누구에게나 있다는 것, 그럼으로써 지금의 자기 자신에게서 한 발짝 두 발짝 멀어지면서 경험을 회피하게 되고 그 과정에서 만들어진 문제들은 점점 더 불어날 거라는 사실을 얘기하고 있습니다. 내가 지금 외면하고 회피하는 것들은 머지않아 내게 돌아온다는 것이지요.

물론 삶의 부담을 잠시 잊기 위해 약간의 기분전환은 필요합니다. 해결하기 어려운 문제만 들여다보면 마음이 위축되지요. 부정적인 생각에만 주의가 쏠리면 삶이 실제보다 더 암담하게 느껴집니다. 하지만 어떤 것이 진짜 동아줄이고, 어떤 것이 썩은 동아줄인지 감별하려면 모든 것을 있는 그대로 보아야 합니다. 어려움을 빨리 모면하려는 마음으로 급하게 결정하고 행동하는 사람은 자기가 보고 싶은 대로 타인이나 상황을 왜곡해서 보게 되지요. 문제를 해결하는 것이 아니라, 문제의 내용을 바꾸거나 더 키울 뿐입니다.

어려운 상황에서는 어려움 한가운데로 들어가 앉습니다. 불편한 마음과 마주합니다. 많은 행동보다는 정확한 행동이 필요하기에, 조용히 방에 앉아 자신과 천천히 얘기를 나눕니다. 있는 그대로 느끼고 경험하는 시간 속에서 자신과 깊게 연결됩니다. 그런 연결은 우리를 본래의 지혜로 안내합니다. 기회는 밖에 있지 않고 출구도 밖에 있지 않습니다.

집착에 대하여

사람마다 집착하는 것이 비슷하면서도 조금씩 다릅니다. 돈과 권력, 서열처럼 힘에 집착하는 사람이 있는가 하면 인정받고 칭찬 듣는 것처럼 사랑에 집착하는 사람이 있습니다. 힘에 집착하는 사람은 잠재적 '무시'를 제일 두려워하고, 사랑에 집착하는 사람은 잠재적 '단절'을 제일 두려워합니다. 무시와 단절은 인간의 가장 근원적인 공포, 소외의 다른 이름입니다. 집착은 그 안에 공포를 지니고 있으니, 공포를 이해해야 집착을 온전히 이해할 수 있지요.

집착이 좋지 않다는 것은 누구나 알지만 왜, 어떻게 자신에게 해가 되는지 구체적으로 들여다보는 사람은 적습니다. 사람마다 집착하는 내용과 정도에 많은 차이가 있고요, 그 맥락을 보고 조절하는 것은 삶의 질을 좌우하는 중요한 요소입니다.

보고 듣고 냄새 맡고 먹고 마시고 만져지는 느낌의 쾌, 의식의 쾌 혹은 불쾌에 영향을 받지 않을 수는 없습니다. 좋은 느낌은 오래 붙들고 싶어 하고, 나쁜 느낌은 빨리 떨치려 하는 게 생명의 본성입니다. 하지만 예측하고 생각하는 인간의 능력은 이를 과도하게 부풀려 왜곡하는 부작용을 낳기도 합니다. 좋은 것과 싫은 것에 대한 느낌과 생각을 마치 불변의 사실처럼 지나치게 믿는다고 할까요? 이런 심리적 경직성은 많은 어려움으로 이어집니다.

다양한 심리적 증상들이 쾌/불쾌에 대한 집착, 그로 인해 주의가 좁아지는 현상과 관련이 있지요. '무조건 OO해야 한다'거나 'OO는 절대 안 된다'고 하면서 자기 한계를 스스로 많이 만들어낼 뿐만 아니라, 그로 인해 주변 사람들과 갈등을 빚게 되기도 합니다. 좋고 싫음의 내용이 사람마다 천차만별이고 다양하다는 것을 인식하지 못하고 상대방에게 좋은 것을 마치 내가 더 잘 알기라도 한다는 듯 타인에게 강요하기도 하지요.

'나는 이러이러한 것이 좋다, 나는 OOO가 싫다'고 생각하면서 마치 자기가 주체인 것처럼 말하지만, 실상은 그 반대입니다. '좋다', '싫다' 하는 순간 스스로 그 생각과 느낌의 노예가 되어버리죠. 싫은 것이 많아지면 피해야 하는 것이 많아지고요, 좋은 것이 많아지면 좇아가야 하는 일이 늘어납니다. 너무 좋다거나 너무 싫다고 하는 문제, 어떻게 하면 이런 느낌에 덜 매이고 균형 잡힌 삶을 살 수 있을까요?

누구에게나 좋고 싫음의 항목들은 있지만 그에 대한 태도와 정도에는 개인차가 큽니다. '모든 것은 변한다'는 사실만 정확히 알아도 집착은 줄어듭니다. 좋다고 매달리던 것도 조건이 바뀌면 혐오하는 대상이 될 수 있고, 너무 싫어하던 대상도 고마운 존재가 될 수 있습니다. 아름다운 것, 좋은 것 앞에서 즐거워하더라도 그 순간에 감사할 뿐, 돌아서서 그칠 줄 안다면 조절할 수 있지요. 쾌감을 더 연장하거나 계속 누리려고 매달리지 않는다면 해가 되지 않습니다.

누가 머리를 쓰다듬어주면 계속 그 사람 주위를 빙빙 돌며 머리를 갖다 대는 것이 아니라 '그런 것을 내가 좋아하는구나' 하고 알아차리고 한발 물러섭니다. 칭찬을 들었을 때는 달콤한 말에 그저 취해 있을 것이 아니라 '아, 듣기 좋은 말을 들어 지금 우쭐해하고 있구나'를 압니다. 그 내용에 풍덩 빠져 탐닉하지 않고 들어갔다가 바로 정신 차리고 빠져나오는 느낌으로요. 한발 물러서는 알아차림만으로도 쾌감에 덜 매이게 됩니다.

'좋다'는 느낌만이 아니라 '싫다'는 느낌 또한 마찬가지입니다.

자신도 모르게 혐오감을 느껴 공격적인 생각, 말, 행동이 튀어나오더라도 그걸 당연시하는 것이 아니라 '아차!' 하고 한발 물러나 알아차립니다. 쾌 혹은 불쾌는 끈적끈적한 구덩이 같아서 일단 들어가면 빠져나오기가 쉽지 않습니다. 그러니 매일매일 알아차려야 합니다. 들어갔다 나오고, 들어갔다 나오고, 들어갔다 나오기를 반복합니다. 그러다 보면 의식이 깨어 있어서 좋고 싫다는 느낌의 내용에 대해 당연시하지 않게 됩니다.

눈의 즐거움, 귀의 즐거움, 코의 즐거움, 혀의 즐거움, 피부의 즐거움, 의식의 즐거움을 향해 풍덩 자신을 던지지 않고, 조금은 경계하는 마음으로 주의를 기울이게 됩니다. 이러한 알아차림이 자기 조절의 시작입니다. '당연한 것이 아니구나. 그렇지 않을 수 있구나!'만 염두에 두어도, 좋고 싫음을 지어내어 마음을 어지럽히고 몸을 어지럽히는 일이 줄어들게 됩니다.

집착을 일부 내려놓으면 그만큼 자유로워집니다. 집착을 내려놓으려면 먼저 집착을 알아보아야 합니다. 집착을 알아보려면 집착의 내용 안에 푹 빠져 있는 것이 아니라 한발 물러서 있어야 하고요, 내용이 아니라 그 맥락을 보아야 합니다. 자기에게 반복해서 일어나는 패턴이 어떻게 생겼는지 꼼꼼히 보아야 합니다.

안락함에 대한 의존

추운 겨울날, 따뜻한 이불 속에 들어가 행복하다고 느낀 적 있으시지요? 땀이 뚝뚝 떨어지는 여름 한낮에는 시원한 에어컨 바람이 나오는 실내 공간이 천국이지요. 일하느라 때를 놓쳐 허기진 상태로 먹는 밥은 세상에서 제일 맛있습니다. 하지만 그런 순간의 만족감은 오래 가지 않습니다. '마이너스(-)'가 채워져 제로(0)가 되는 순간, 우리는 다시 '플러스(+)'를 추구합니다. 불만족이 찾아오고 다른 것을 원하게 됩니다. 매일 경험하는 평범한 일상에서 우리는 불교에서 말하는 '무상(無常)'을 시시각각 경험할수 있습니다.

어느 것 하나도 머무르지 않고 끊임없이 변한다는 것 하나만 잘 이해해도 우리가 맞닥뜨리는 문제의 대부분을 잘 풀어나갈 수 있는데요. 무상이란, 어차피 모든 것이 덧없으니 노력을 할 필요가 없다는 뜻이 아니지요. 지금은 좋아도 그것이 영원하지 않음을 알고 좋아하라는 것입니다. 지금이 괴롭고 힘들다면 이 또한 영원하지 않음을 알라는 것이죠.

몸과 마음이 편안하고 즐거운 느낌, 곧 안락함에 대한 집착은 매우 광범위하게 우리에게 괴로움을 불러일으킵니다.

"결혼 전에는 내게 그렇게 잘해주고 배려를 했는데, 왜 이제는 그렇게 무심하고 이기적인 사람이 되었어?"라고 배우자와 갈등하는 마음, 주식 가격이 떨어져서 실망하고 분노하는 마음, 큰맘 먹고 구입한 가방을 막상 들고 나가려니 별로 안 예뻐 보여서 후회하고 짜증나는 마음, 암 진단을 받고 덜컥 내려앉는 마음, 내 편이 되어줄 줄 알았던 친구가 냉정하게 돌아설 때 느껴지는 서운한 마음, 감염병이 유행한다는 소식에 두려움으로 어두워지는 마음, 나이가 들면서 몸이 예전 같지 않다고 느끼는 마음 등은 '있다고 여겼던 것이 없다'고 생각되어 일어납니다.

돈이나 물건, 명예와 권력, 외모와 건강에 대한 집착은 물론이요, 심지어 날씨와 계절, 미세한 몸의 느낌과 기분 등 감각과 의식에 관한 모든 영역에서 우리는 편안하고 즐거운 것에 매달리고 불편하고 괴로운 것은 피하려 합니다. 타인의 칭찬이나 인정을 갈구하는 마음도 뭔가가 결핍되어 일어나는 것이 아니라 '내가 좋은 사람이라는 느낌'에 집착하는 것이니 에고(ego)에 대한 안락함의 추구이고, 연애와 애정에 많은 에너지를 쏟는 것도 '나만의 대상' 혹은 '우리'가 주는 안락함에 대한 의존입니다.

우리는 안락함을 주던 것이 없어질까 봐 걱정하고 불안해합니다. 하지만 정작 '있다고 해서' 감사히 여기지도 않습니다. '있을 때'는 당연히 여겨 의식하지 못하고, '없어질 때' 소동을 피웁니다. 누구나 빠지기 쉬운 이런 경향을 가만히 지켜보고 뒤집어보면 어떨까요?

무엇이 지금 있는지 알고 하나하나 감사히 여기는 겁니다. 예를 들어, 지금 이 글을 읽고 있다면 눈과 시력, 읽을 수 있는 능력이 있다는 것이고, 허리를 세우고 앉아 있을 수 있음을 의미합니다. 마음이 매우 혼란스럽거나 동요할 만한 위급 상황이 아니고 통증으로 시달리거나 정신이 혼미한 상황이 아니라는 것도 의미합니다. 숨도 잘 쉬고 계실 테지요. 실로 많은 조건과 능력이 갖추어져서 여러분은 지금 이 글을 읽고 있습니다. 하지만 이 모든 조건과 능력은 영원한 것이 아닙니다. 갑자기 건강을 잃게 될 수도 있고요, 사고를 당할 수도 있습니다. 소중한 사람을 잃을 수도 있습니다. 지금은 그래도 무언가를 생각할 만한 여유가 있지만 그럴 수 없는 상황에 처하게 될지도 모릅니다. 그래서 지금의 조합은 언제나 매우 놀랍고 드문 것입니다. 숨 쉬는 것이 곤란하지 않고, 걷는 것이 가능하고 뭔가를 읽으며 생각하고, 먹고 마실 수 있다는 것이 기적입니다.

여름에 겨울을 그리워하고 겨울에 여름을 그리워하는 게 아니라 여름에는 뚝뚝 떨어지는 땀방울을 감사히 여기고, 겨울에는 정신을 번쩍 차리게 하는 추위를 소중하게 생각합니다. 불편한 것, 불쾌한 것을 피하려 애쓰지 않습니다. 지금 먹을 수 있는 밥 한 그릇이 최고이고, 오늘의 만남은 항상 최후의 만남입니다. 내일 그 사람은 없을지도 모릅니다. 내가 없을지도 모르지요.

안락함에 집착하는 정도가 낮으면 낮을수록 삶은 좋아집니다. 있는 그대로 다 온전하게 받아들이고 감사히 누릴 수 있습니다. 반면, 더 즐거운 것, 더 편안한 것을 끝없이 추구하면서 안락함에 집착하는 정도가 심하면 어떻게 될까요? 삶의 쓴맛을 덮기 위해 점점 더 많은 자극이 필요하게 됩니다. 과음, 약물 남용, 마약, 과도한 쇼핑, 성적 일탈, 도박 등 다양한 중독 현상으로 이어질 수 있습니다.

어떤 감각, 감정, 느낌에 대한 집착은 사실상 '안락함'에 대한 추구입니다. 즐겁고 편안한 것을 하나라도 더 확보하려는 욕심입니다. 거기에 걸려들면 끝이 없습니다. 실제로는 가능하지 않은 판타지이기 때문입니다.

2부

생각 감옥에 갇힌
당신을 위한 마음 수행 가이드

4장 통찰_
내게 있어서 '밝음'은 무엇인가?

"무한한 공성의 장은 시초부터 존재하는 것이다.
그동안 당신이 만들어내어 습관이 되어버린 것들을
정화하고 치유하며 갈아 없애야 한다.
그러면 당신은 분명한 밝음 한가운데서 살아갈 수 있다." [12)]

_꾕지정각

삶을 관통하는 수행이 필요할 때

우리는 몸 하나에 거주합니다. 이 몸으로 세상을 경험하지요. 세상과 관계를 맺으면서 지각, 생각, 감정과 같은 것들이 일어납니다. 내 안에 일어나는 움직임과 그 의미를 이해하는 것이 자기 이해입니다. 특히 반복되는 감정, 반복되는 생각의 의미를 잘 이해해야 합니다. 사람마다 반복되는 '자기 주제'가 있습니다. 어떤 사람은 '왜 나는 평생 눈치를 보면서 살아야 하지?', '왜 나는 늘 남을 배려하고 챙기는데 정작 내가 도움을 필요로 할 땐 아무도 없지?', '열심히 살았는데 왜 내게 남은 건 하나도 없지?', '나를 정말로 이해하고 공감하는 사람은 왜 없을까?', '왜 그렇게 노력을 해도 늘 관계는 안 좋게 끝나버릴까?'와 같은 생각에 잠기

곤 합니다. 혹은 분노, 배신감, 짜증, 외로움, 서글픔, 불안감, 집착, 질투, 열등감, 죄책감처럼 특정 감정을 불러일으키는 사건이 마치 과제처럼 계속해서 주어지는 사람도 있습니다. 그 패턴을 인식하지 못하고 그때마다 바깥에, 다른 사람에게 원인이 있다고 믿는 경우가 대부분이고요. 이러한 '자기 주제'를 어렴풋이 발견하더라도 어떻게 대처해야 할지 몰라 생각만 하다가 잊어버리고 또 반복해서 경험합니다. '자기 주제'를 만나는 순간은 대체로 불쾌하고 불편한 마음이 되기 때문에 얼른 기분전환을 하려고 영상을 보거나 뭔가를 먹거나 마시면서 다른 자극으로 덮어버리기가 쉽지요. 이런저런 성격 검사를 해보거나 '당신의 운명을 알려주겠다'는 사람을 찾아다니면서 '아, 내가 이래서 이렇대' 하며 피상적인 이해로 대충 넘어가기도 합니다. 그렇게 해서 이해되지 못한 '자기 주제'는 다시 돌아옵니다. 그리스 신화에 나오는 시시포스처럼 기껏 바위를 정상으로 올려봐야 곧 다시 내려오기에 또 낑낑대고 올리기를 반복하는 것이죠. 이렇게 계속해서 떨어지는 바위를 도대체 어떻게 해야 할까요?

답은 분명합니다. 피할 수 없는 바위는 부수어야 합니다. 단번에 부서지지 않으니 여러 번, 끈질기게 부숴야 합니다. 부수는 과정은 힘이 듭니다. 파편도 튀고 상처도 입게 됩니다. 쉽지 않습니다. 그런데 계속 부수다 보면 바위가 점점 작아지면서 돌멩이가 되어 갑니다. 나를 짓누르던 바위는 어느새 주머니에 쏙 넣어 가지고 다닐 정도가 됩니다. 그 과정에서 바위와 친해집니다. 더 이상 부담스럽고 불쾌한 것이 아닙니다. 바위를 온몸으로 부수어 돌멩이로 갈고 닦아 지니고 다니는 것, 그것이 자기 이해입니다. 문제를 버리거나 해결하는 것이 아닙니다. 작게 만들어 끝까지 가지고 가는 것입니다. 좀 더 구체적으로 얘기해보죠.

관계는 크고 작은 감정을 일으킵니다. 누군가의 말과 행동이 조금 싫거나 매우 싫거나, 조금 좋거나 매우 좋거나 합니다. 가까운 관계, 자주 보는 사이일수록 더 많이 더 자주 감정을 일으킵니다. 우리는 이때 두 가지 중 하나를 선택할 수 있습니다. 하나는, 좋은 사람을 붙잡고 싫은 사람은 피하는 것입니다. 쉽고 간단할 것 같죠? 사실은 제일 힘든 길입니다. 좋은 사람은 떠나서 괴롭고, 싫은 사람은 남아서 괴롭죠. 좋다, 싫다, 좋다, 싫다······ 누굴 보든 마음속에 계속 잡음이 끊이지 않을 겁니다. 다른 길은 어떤 걸까요? '그 사람이 이러저러해서 좋다, 싫다'와 같이 감정의 원인을 찾는 것이 아니라 바로 그 감정 안으로, 자신의 경험 안으로 쑥 들어가는 겁니다. 이런 질문이 도움이 될 수 있지요.

'이 일에서 내가 정말로 보아야 하는 것은 무엇일까?'

관계는 감정을 일으키기에, 관계를 피한다는 것은 감정을 피한다는 것을 의미하지요. 힘든 감정에는 대개 '자기 주제'가 담겨 있습니다. 내가 계속해서 굴리고 있는 바위를 가장 명확히 보여주는 것이 감정입니다. 그런 의미에서 감정적 경험을 있는 그대로 받아들이고 이해하는 작업은 자기 이해의 중요한 출발점이라고 할 수 있습니다.

많은 이들이 명상(좌선)을 오해하고 있는데요. 명상은 평정심을 유지하기 위해 마음을 통제하는 훈련이 아닙니다. 단단한 마음을 만들기 위한 멘털 피트니스도 아닙니다. 내 경험을 있는 그대로 관통하는 것이고 더 세세하게 느끼는 작업입니다. 아무 일도 없었던 것처럼 문제를 털어버리는 것이 아니라, 문제의 한가운데 앉는 것입니다. 감정을 무시하거나 초월하는 것이 아니라 감정을 받아들이고 면밀히 검토하는 것입니다. 평소 관계에서 나를 불편하게 하는 것들, 힘들게 반복되는 감정과 생각들을 애써 가라앉히는 것은 억압이나 회피이기 때문에 다른 증상으로 이어질 수 있지요. 게다가 자기 이해를 위해 쓰여야 할, 싱싱하고 좋은 재료들을 버리는 꼴이기도 합니다.

그런 의미에서 관계와 통찰은 둘이 아닙니다. 관계를 탐구하고 고민하고 아파해야 통찰이 가능하고요. 통찰에 진전이 있어야 좋은 관계가 가능합니다. 관계가 없다면 통찰이 없고, 통찰 없이는 관계도 없습니다. 그렇게 붙들고 늘어져야 바위가 부서집니다. 부수고 또 부수어야 작아집니다. 매 순간 경험을 회피하지 않고 그대로 관통하는 젊은 시절을 보낸다면 여러분의 60대와 70대, 80대와 90대는 풍성할 것입니다. 좋은 삶이 그대로 좋은 죽음이 됩니다.

생을 마감할 때 이런 느낌이면 괜찮지 않을까요?

'살면서 할 수 있는 건, 전부 다 했다. 이만하면 제법 좋은 삶이었어.'

잘 죽는 기술

9세기 중국 당나라에 동산양개(洞山良价)라는 선승이 있었습니다. 중국 선종을 대표하는 종파 중 하나인 조동종의 개조로 많은 제자가 따랐던 분입니다. 어느 날 한 승려가 그를 찾아가 물었습니다.

"추위나 더위가 올 때 어떻게 피할 수 있습니까?"

동산은 대답했습니다.

"추위나 더위가 없는 곳으로 가면 되지."

승려는 다시 물었습니다.

"추위나 더위가 없는 곳이라는 게 무엇을 의미합니까?"

그러자 동산양개는 답했습니다.

"추울 땐 추위로 그 사람을 죽이고, 더울 땐 더위로 그 사람을 죽인다."[13)]

우리가 춥다거나 덥다고 말할 때는 항상 '비교 기준'이 있습니다. "아, 더워!"라고 무심코 내뱉은 말에는 덥지 않은 상태와 비교하는 마음이 들어 있지요. 지금의 상태와 다른 상태를 비교하면서 판단한 것입니다. 머릿속에서 '나'라는 주체와 '더위'라는 대상을 분리한 것이죠. 내 경험의 일부를 대상으로 분리하면서 우리는 그것을 통제할 수 있다고 생각합니다. 서구 문명은 이런 관점을 통해 발전해왔기 때문에 나와 대상을 분리해 생각하는 태도는 우리에게 너무나 당연하고 자연스럽게 여겨집니다.

"추위로 그 사람을 죽인다" 혹은 "더위로 그 사람을 죽인다"는 것은 무엇을 의미할까요? 문자 그대로 그 사람을 죽여서 추위든 더위든 느끼지 못하게 만들라는 것일까요? 물론 그런 의미는 아닙니다. 이때 '죽임'의 대상은 바로 '나'라고 하는 자기중심성입니다. '내가 춥다'에서 '나'를 죽이라는 것이지요. 그러면 추위만 남아 세상이 온통 추위가 되기 때문에, 더 이상 춥다고 말할 수 없게 됩니다. '춥다'는 것은 상대적인 개념이니까요. 비교하거나 판단할 주체가 사라지면 '춥다'는 판단도 사라집니다. 따라서 추위 혹은 더위와 하나가 되어버린다면 춥다거나 덥다고 불평하지 않게 됩니다.

동산양개 선사의 법담에는 우리 일상을 꿰뚫는 통찰이 들어 있습니다. 우리가 어떤 일을 할 때 그 일과 하나가 되어버린다면 '내가 이걸 잘할 수 있을까? 잘하고 있는 것일까? 이 일이 내 적성에 맞을까?'와 같은 판단이 사라지게 됩니다. 우리가 누군가를 만나서 대화를 할 때 그 대화와 하나가 되어버린다면 '그가 나를 어떻게 생각할까? 내가 말을 잘하고 있는 걸까? 저 사람이 나를 좋아할까, 아니면 싫어할까?'와 같은 생각이 일어나지 않습니다. 그 행위와 하나가 되어 그 안으로 들어가는 순간에는 비교하거나 판단할 틈이 생기지 않기 때문입니다.

그러므로 추울 때 추위를 피하는 유일한 방법은 추위 안으로 들어가는 것입니다. 더울 때 더위를 피하는 유일한 방법은 더위 안으로 들어가는 것이지요. 그러면 추위 혹은 더위와 그 사람이 하나가 되어 춥다 혹은 덥다 하는 분별이 일어나지 않습니다.

우리에게 어떤 문제나 장애, 어려움, 통증이 일어날 때 그것을 피하는 유일한 방법은 그 문제나 장애, 어려움, 통증 안으로 완전히 들어가는 것입니다. 그것을 없애려, 떼어내려 할수록 잘 안 되어 고통은 커지지요. 더 매이게 됩니다. 그러니 정반대로 문제 안에서 '나'를 죽여서 하나가 되어버려야 합니다. 그러면 주체도 대상도 없기 때문에, 해결할 사람도 문제도 따로 없게 되어 그대로 해방입니다. 말하자면 자기를 잘 죽이는 기술인데요, 숨을 내쉴 때 나가는 숨과 함께 모든 것을 같이 내려놓는 것입니다. 이른바 날숨 연습이 필요합니다.

날숨 연습

내려놓음, 비움, 놓아버리기. 현대인들은 이런 단어들을 너무나 많이 들어서 오히려 이 말이 무엇을 의미하는지 알기 어렵습니다. '어차피 안 될 것 같으니 무리하지 말라'는 얘기가 아니고요, '너무 애썼으니 쉬라'는 얘기도 아닙니다. 포기나 방임, 방종은 더더욱 아닙니다.

우리의 문명은 통제의 대지 위에 지어진 고층빌딩과도 같습니다. 예측하고 대비하고, 좋은 것은 들이고 나쁜 것은 못 들어오게 막으며 계산을 잘 해서 손해될 만한 것은 버리거나 피하고 이익이 되는 것은 빨리 붙들어야 하죠. 그것이 우리가 살아온 사회의 원리입니다. 항상 부족한 것을 발견해 채우려 합니다. 힘든 일을 겪으면 많은 사람이 '내가 자존감이 낮아서 그래, 애착에 문제가 있어, 어린 시절에 충분한 사랑을 못 받았지' 등으로 생각합니다. 더 나은 삶을 위해서는 자기에게 부족한 어떤 것을 채우거나 길러야 한다고 여기죠. 그래서 무엇이 부족한지 알아내어 채우거나 기르려고 애씁니다.

기술의 발전은 곧 통제의 발전을 의미하는데요. 문제는 사전에 없애거나 빨리 해결해야 하고 사회에서 바람직하다고 여기는 것들을 잘 달성하는 것을 능력으로 여기다 보니, 많은 이들이 앞으로 달려가는 것에만 익숙해져 있습니다. 개인도 사회도 무언가를 더 얻고 채우는 것에 편중되어 있습니다. 그래서 현대 사회에는 불필요한 긴장이 많아졌습니다. 긴장과 이완이 적절히 조화되어야 개인도, 관계도, 사회도 건강할 수 있는데 지금 우리 사회는 온통 긴장으로 가득합니다.

비우기, 이완, 내려놓음을 잊은 사람들의 신경은 늘 날이 서 있습니다. 늘 팽팽하게 긴장되어 있으니 누가 조금만 툭 쳐도 찢어지거나 터집니다. 별로 위험하지 않은 자극도 그들에게는 감당하기 힘든 위협이 되지요. 그래서 출퇴근만 해도 소진되고 불안장애, 공황장애로 진단받는 사람들이 늘어납니다. 끊임없는 불안은 만성 우울로 고착되기도 합니다. 우리 시대에 만연한 소진, 불안, 우울은 결국 채우기 전략이 더 이상 통하지 않는 현실을 보여주는 사회적 증상입니다. 채우기 모드로만은 살아갈 수 없습니다. 내려놓음 없이 한없이 움켜쥐려는 손은 유리병에서 빠져나올 수 없지요.

날숨 없는 들숨을 생각할 수 있나요? 숨을 내뱉지 못하고 들이쉬기만 하다가 호흡곤란으로 죽는 것이 대다수 현대인이 처한 상황이라면 과언일까요?

호흡의 '호'자는 날숨을, '흡'자는 들숨을 의미합니다. 날숨, 즉 내쉬는 것이 먼저인데, 많은 현대인이 날숨을 온전히 쉬지 못합니다. 하루 중 대다수 시간이 붙잡는 것, 긴장하는 것, 채우는 것에 편중되어 있기 때문입니다. 날숨을 잘 쉬지 못하기 때문에 내맡기는 것, 이완하는 것, 비우는 것이 잘 안 됩니다.

그러면 어떻게 해야 날숨을 잘 쉴 수 있을까요? 진정한 의미의 내려놓음, 비움, 맡김은 어떻게 해야 가능한 것일까요? 불확실성을 줄이거나 없애려고 예측을 하는 것이 아니라, 불확실성 한가운데 머문다는 것은 어떤 것일까요?

있는 그대로

내려놓는다는 것은 눈 감고 포기하는 게 아니라 눈을 크게 떠서 있는 그대로의 진실을 보는 것입니다. 우리가 비록 사회 안에서 인정받고 사랑받고 싶어서 똑똑하고 돈을 잘 벌고 외모도 보기 좋으며 친구도 많은 사람이 되려고 애쓴다 하더라도, 그것이 '다가 아님'을 알아야 합니다. 우리는 시간이자 공간이기에, 고정된 것을 손에 넣고 이루는 것으로는 결코 욕망을 만족시킬 수 없습니다. 끝없이 추구하고 달리는 것만으로는 결코 행복에 이를 수 없습니다.

지금의 삶이 만족스럽지 않은 것은 뭔가를 더 해내지 못했기 때문이 아닙니다. 있는 그대로를 보지 않았기 때문입니다. 욕망을 자꾸 만들어내어 진실을 가리기 때문입니다. 있는 그대로의 진실을 보려면 도망치지 않고, 뭔가로 뭔가를 덮지 않고 지금 이 순간에 가만히 머물러 봐야 합니다. 그것이 수행입니다. 진정한 휴식은 날숨에서 일어납니다. 날숨은 내려놓는 것, 비우는 것, 맡기는 것이지요. 내려놓으려면 정확히 알아야 합니다. 발밑에 뭐가 있는지 모르면서 뛰어내릴 수 있나요? 무엇에 무엇을 놓는 것인지 알지 못하면 내려놓지 못합니다. 바른 이해 없이 명상하는 것은 앉은 자세 운동이나 주의력 훈련밖에 되지 않습니다.

우리가 맞닥뜨리는 문제들은 처음에는 간단해 보입니다. 그런데 두 번째 순간에 뭔가 일어나고 연달아 또 사건들이 일어납니다. 갑자기 에너지가 꼬입니다. 실들이 엉키고 감정이 들어가면서 문제가 복잡해집니다. 고통, 통증, 감정, 인간관계의 어려움들…… 우리는 이러한 인간 상황에서 도망칠 수 없습니다. 우리는 이러한 매듭들을 다뤄야 합니다.

하나의 매듭은 많은 조건에 의해 만들어집니다. 나의 삶, 타인의 삶, 서로의 기질, 원인과 결과. 매우 복잡합니다. 생각만으로 이것들을 다 이해할 수는 없습니다. 그러니 문제를 급히 해결하려 하지 마세요. 매듭을 풀려다가 실을 끊어서는 안 됩니다. 실타래를 부드럽게 쥐고 천천히, 주의 깊게 다가가야 합니다. 무엇을 먼저 하는 것이 좋을지 신중히 접근해야 합니다.

먼저, 내게 일어나는 모든 일과 꼬인 매듭을 따뜻한 마음으로 대합니다. 문제와 갈등, 고통과 어려움을 순순히 받아들입니다. 삶의 힘든 순간들을 잘 다루려면 수행이 필요합니다. 수행이란 우리 실체에 대한 깨달음입니다. 우리 존재가 사실상 시간과 공간임을 알아 광대한 허공에 맡기는 것입니다. 내려놓는 법, 잘 죽는 법, 날숨을 명확히 안다는 것이야말로 삶에서 가장 중요합니다. 숨을 잘 들이쉬려 애쓰지 말고 내쉴 때 모든 것을 내려놓으세요. 어정쩡하게 뭔가를 붙들거나 쥐려고 하지 말고 완전히 내려놓는 겁니다. 거대한 숨에게 나를 맡긴다는 느낌으로요. 우리가 완전히 숨을 내뱉을 때, 우리는 세상 모든 것과 하나가 됩니다. 어떤 것도 통제하려고 애쓰지 않게 되지요. 매 순간 잘 죽게 됩니다. 잘 죽는 법에 대해 체득하게 되면 무조건 쥐려고 분투하지 않게 됩니다. 의식적으로든 무의식적으로든, 살려고 너무 애쓰기 때문에 다양한 문제들이 일어나는 것이니까요. 날숨과 들숨의 이치를 봄으로써, 비우고 채우는 것이 자연스럽게 일어나도록 내버려 둡니다. 어떤 상황에 처하든 지금 이 순간에 온 마음을 다해 살아간다면 괜찮을 것입니다. 그것을 의식하든, 의식하지 못하든 결국 우리의 숨이 우리를 돌볼 테니까요.

관계와 통찰

살면서 우리는 뜻하지 않은 사건들을 맞닥뜨립니다. 어떤 사람은 힘든 일을 겪고 나서 훌쩍 성장하는 반면, 어떤 사람은 그야말로 더 부정적이 되고 피폐해지면서 망가지기만 할 뿐입니다. 왜 이런 차이가 나는 것일까요?

힘든 상황에 처해 마음에 여유가 없을수록 우리는 습관대로 행동하게 되고, 본연의 모습, 맨얼굴이 드러나게 됩니다. 어떤 사람은 화를 내거나 타인을 원망하고, 어떤 사람은 방문을 걸어 잠그고 한없이 가라앉습니다. 다른 누군가를 찾아가 하소연하고 매달리거나, 일어난 일을 회피하느라 괜히 더 바빠지기도 합니다. 힘든 일을 맞닥뜨리는 순간, 누구나 특유의 경향성이 부각되지요. 그래서 '자기 주제'가 매우 선명해집니다. 내가 평생 무한 반복하면서도 모르고 있는 '자기 주제'를 알고 싶다면 이때 정신을 바짝 차려야 합니다. 어쩌면 이걸 포착하라고 힘든 상황이 주어지는지도 모릅니다.

어떻게 하면, 내게 일어난 힘든 과제를 잘 풀어내어 진정한 성장과 깨달음으로 도약할 수 있을까요? 크게 두 가지 방법이 있습니다.

하나는 자신의 경험 안으로 들어가 그 알갱이를 세세히 느끼는 것이고, 다른 하나는 관점을 이동해 전체를 조망하는 것입니다.

예를 들어볼게요. 가족이나 친구가 내게 와서 눈물을 흘리며 고통을 토로할 때 우리는 그 감정을 그대로 함께 느끼면서 공감으로 위로할 수도 있고, 그 사람의 마음과 상황을 이해하며 왜 그런 일을 자주 겪게 되는지 더 큰 그림을 볼 수도 있습니다. 전자는 그가 '어떻게' 경험하고 있는가의 문제라면 후자는 그가 '왜' 경험하는가의 문제입니다. 우리 자신의 경험에 대해서도 마찬가지입니다. 내가 느끼는 힘든 감정과 경험을 하나하나 알아차리면서 깊게 연결되는 것이 '어떻게'의 작업이라면, 관점을 이동해 그 일과 연관된 사람과 상황에 대한 조망을 하는 것이 '왜'의 작업입니다.

이 두 가지는 우리 뇌에서 각각 다른 경로로 일어나고요, 흥미롭게도 서로 경쟁하는 관계에 있다고 할 수 있습니다. 즉 하나가 일어나면 다른 하나는 작동하지 않는다는 것입니다. 물론 이 두 가지 작업은 상보적이며 서로 직접적으로 영향을 끼칩니다. 수행을 오래 해서 익숙한 분들은 아주 짧은 시간을 두고 '깊게 경험'했다가 '관점 이동'을 했다가 다시 '경험'으로 들어갈 수도 있습니다. 처음 해보는 분들은 첫 번째 방법으로 충분히 해본 뒤에 두 번째 방법을 쓰는 것이 좋습니다. 경험으로 들어가는 작업을 먼저 해보고 그 내용을 충분히 탐색한 뒤, 관점을 이동해 맥락을 보는 작업을 해보기를 권하는 이유는, 곧바로 후자로 건너뛰면 종종 감정을 억압하거나 회피하는 결과가 되기 쉽기 때문입니다.

먼저 "이것은 어떤 경험인가?"라는 질문은 그 경험 혹은 감정 안으로 들어가는 작업을 안내합니다. 내가 느끼는 감각과 감정을 하나하나 알아차리면서 이름을 붙여보거나 느낌을 표현합니다. 앞에서 설명했듯, 다음과 같은 단계로 천천히 진행합니다.

1) 지금 내 몸 어디에서 무슨 일이 일어나고 있는가?
2) 어느 부분에서 어떤 감각이나 감정이 느껴지는가?
3) 엄마가 아기를 돌보듯 '나'라고 하는 전체가 그 부분에게 관심을 갖고 돌봅니다.

이처럼 경험의 내용에 다가가 '관계' 맺는 작업을 해보았다면, 그다음에는 '통찰'의 측면, 즉 관점을 이동해 맥락을 보는 작업을 해봅니다. 다음과 같은 질문을 통해 할 수 있습니다.

1) 지금 내가 겪고 있는 고통은 어디서 비롯된 것일까? 이 고통의 진짜 원인은 무엇일까?
2) 그 사람/일에 대한 나의 기대는 어디에서 왔나? 애초에 누가 준 것일까?
3) 그에게는 어떤 어려움이 있나? 이 일의 전체 상황을 나는 얼마나 정확히 알고 있나?

하나는 그 경험과 관계를 맺는 것이고요, 다른 하나는 맥락을 살피며 그 경험에 대해 통찰하는 것입니다. 우리는 이 책을 통해 두 가지의 작업을 계속 해볼 것입니다.

자기 주제 탐구하기

'자기 자신에 대해 잘 알고 있다, 자기 이해가 높다'는 것은 무엇을 의미할까요? 이런 질문을 해보면 됩니다.

"나를 가장 힘들게 하는 상황은 어떤 것인가? 어떨 때 내가 가장 취약해지나? 그리고 그건 왜 그런가?"

이에 대해 매우 구체적으로 답할 수 있다면 자기 이해가 잘 되었다고 말할 수 있습니다.

누구에게나 '자기 주제'가 있습니다. 평생을 시달려온 주제, 누군가 누르기만 하면 응급 상황이 되는 취약성의 버튼, 그런 것이 누구에게나 있습니다. 그래서 똑같은 상황에서도 어떤 사람은 그냥 넘어가고, 어떤 사람은 얼굴이 시뻘게지면서 펑펑 울거나 잠을 못 자는 일이 벌어지지요. 예민함이나 둔함의 차이라기보다는 '자기 주제'의 차이입니다. 사람마다 취약해지는 상황이 다른 것이죠. 그런데 이것을 알아내기가 쉬운 일이 아닙니다. 나도 모르게 꽁꽁 숨겨서 아무에게도 안 들키려고 하기 때문이지요. 대체로 그런 국면에서는 더 강하게 칼과 방패를 휘두릅니다. 혹은 다른 것을 핑계 대면서 주의를 돌립니다. 그러다 보니 나 자신도 모르는 경우가 대부분입니다.

자기 이해란, 궁극적으로는 '자기 주제'에 대한 이해입니다. 내가 무너지는 포인트, 취약성 버튼이 무엇이며 그것이 내 경험과 다른 특성들과 어떻게 연결되어 있는가에 대한 깊은 이해를 말하죠. 살아온 삶에 대한 이해이자 내가 반복하는 행동들에 대한 이해이기도 합니다. 어디가 건드려지면 버럭 하며 핏대를 세우거나, 막무가내로 고집을 피우거나, 허둥지둥 도망가거나 혹은 셔터를 내리고 차단하게 되는가 하는 문제입니다. 여러분은 그때가 언제입니까? 어떤 상황입니까? 그리고 어떻게 반응합니까? 거기에 '자기 주제'가 들어 있습니다. 다음과 같은 작업이 도움이 됩니다.

관계 맺기 작업 예시

내가 경험하는 불편한 감정들 중 가장 자주 겪는 것 혹은 나를 가장 방해한다고 느껴지는 감정의 문제를 하나 골라보세요. 질투심이라고 하면, 그냥 질투심이 아니라 '어떠어떠한 상황에서 혹은 이런 일이 일어났을 때, 나는 이런 사람에게 질투심을 강하게 느낀다. 그래서 이렇게 행동하게 된다'와 같이 조금 구체적으로 다듬어서 정리를 해보세요. 그런 뒤 그 구체적인 감정에 대해 명상을 하는 것입니다.

따뜻하고 차분한 마음으로 명상을 시작해서 호흡에 주의를 기울여 마음을 가라앉힌 뒤, 그 감정에 대해 한번 들여다보세요. 천천히 다음 질문을 한번 적용해보세요.

1) 최근에 강렬한 감정을 느낀 적이 있는가? 어떤 상황에서 어떤 느낌을 받았는가? 그 순간의 느낌을 그대로 포착해보자. 감정이나 생각이 담긴 단어, 문장이 떠오를 수도 있고, 어떤 이미지나 소리가 떠오를 수도 있다. 그 느낌이 지금 몸 어디에서 느껴지는가?

2) 그 부분은 어떤 감정, 혹은 감각, 혹은 생각을 갖고 있는가? 호기심을 갖고 다가간다.
— 그 부분에 이름을 붙인다면 뭐라고 할 수 있을까? (외톨이/고드름/시커먼 마귀 등)

— 그 부분에서 어떤 감정이 느껴지는가? (쓸쓸하다/화가 난다/아무
  느낌이 없다 등)
— 그 부분은 어떻게 생겼는가? (작고 왜소한 아이 같다/얼굴만 커다란
  도깨비 같다 등)
— 그 부분은 신체 어느 부위에서 가장 잘 느껴지는가? (위/장/피
  부/뒷목 등)
— 그 부분은 나에게 뭐라고 말하는가?
— 그 부분 때문에 나는 어떻게 말하거나 행동하게 되는가?
— 그 부분이 원하는 것은 무엇인가?
— 그 부분은 무엇을 염려하고 있는가?
— 그 부분의 역할은 무엇인가?

3) 경험에 머무르기. 그 부분과 함께하는 나는 어떤 느낌이 드는
   가? 전체로서의 나는 그 부분에 대해 어떻게 느끼는가?

5장 수행_
어떻게 하는 것일까?

"바르게 앉아서 참본성을 본다는 것이 무슨 말입니까?"
누군가 윈멘선사(雲門文偃)에게 묻자 윈멘은 대답했다.
"강에서 잃어버린 동전을 강에서 찾는 것입니다."[14]

_노먼 피셔

준비

요가 매트나 카펫, 담요나 방석 무엇이든 편안히 앉을 수 있도록 적당히 두꺼운 깔개 위에 쿠션이나 베개 같은 것을 하나 더 놓고 앉습니다. 쿠션 위에 허벅지와 다리까지 올려 앉는 것이 아니라, 엉덩이 밑으로만 쿠션을 놓아 척추를 받쳐주도록 합니다. 그러면 엉덩이가 올라가면서 바닥에 놓여 있는 무릎에 이르기까지 자연스럽게 경사가 생기게 됩니다. 온몸에 힘을 빼고도 허리를 곧게 세울 수 있도록 충분히 높은 쿠션을 사용합니다. 이렇게 앉으면 척추에 힘이 안 들어가고 다리는 덜 눌러서 혈액순환이 더 잘 이루어집니다. 넓적다리 밑에 빈 공간을 만들지 않고 평평하게 앉게 되면, 심한 요통이 일어날 수 있습니다. 등과 허리를 쭉 펴고 쿠션 위에 앉아, 몸의 긴장을 모두 내려놓습니다. 꾸준히 앉아서 자세가 몸에 배면, 점차 두꺼운 쿠션이 필요하지 않게 됩니다.

1) 장소

좌선을 위해서는 조용한 장소가 필요합니다. 좌선에 익숙해지면 소음이 문제가 되지는 않지만 처음 시작하려는 사람에게는 조용한 환경이 도움이 됩니다. 자세가 익숙해지기 전까지는, 장소를 자주 바꾸지 않는 것이 좋습니다. 매일 조금씩 꾸준히 할 수 있는 장소로 선택하세요. 몸을 너무 춥지도, 너무 덥지도 않게 하고 옷차림은 편안하되, 단정하게 정리합니다. 밝기도 적절히 조절합니다. 조명이 너무 밝으면 산만해질 수 있고 너무 어두우면 졸릴 수 있습니다.

2) 시간

정해진 시간대에 규칙적으로 하는 것이 좋습니다. 원칙이라기보다는 그렇게 하는 것이, 몸에 배어 습관화되기 쉽기 때문입니다. 아침에 일어나서 가벼운 스트레칭으로 잠을 충분히 깬 뒤에 하는 것도 좋고, 모든 일과를 마친 저녁 시간에 하루를 정리하며 하는 것도 좋습니다. 처음에는 1회 10분 정도로 시작해 5분씩 차

차 늘려가세요. 자세가 몸에 배어 익숙해졌다면 1회에 30~40분
정도, 매일매일 할 수 있도록 하면 가장 좋습니다.

3) 손과 다리

다리는 결가부좌나 반가부좌가 대표적이지만 그림을 참고해 자
기 몸에 편안한 자세를 선택합니다. 왼발을 오른쪽 허벅지 위에
두거나 종아리 위에 두어도 좋고, 바닥에 놓는 것도 가능합니다.
손은 앞으로 포개도 되고 양 무릎 위에 올려놓아도 좋습니다. 앞
으로 포갤 때는 오른손을 손바닥이 위로 향하게 해 왼발 위에 올
려놓고, 왼손의 손바닥을 위로 향하게 해서 오른쪽 손바닥 위에
올려놓습니다. 두 손의 엄지손가락은 서로 가볍게 닿게 합니다.

손을 가운데에 두면 마음의 평정과 균형에 좀 더 초점이 맞추어
지고, 무릎이나 허벅지 위에 두면 이완과 휴식의 느낌이 더 커집
니다.

4) 코와 입

호흡은 코로 자연스럽게 합니다. 자세가 몸에 익숙해지면 호흡이
차차 길어지고 깊어지기 때문에 일부러 호흡을 통제하거나 조절
하려고 하지 않게 됩니다. 코가 완전히 막혀 호흡이 어려울 경우
에는 입으로 호흡합니다.

입이나 턱에 자기도 모르게 힘이 들어가는 경우가 많이 있습니
다. 혀끝을 윗니가 시작되는 지점의 입천장에 가볍게 갖다 대고
입을 가볍게 닫습니다. 이빨을 꽉 깨물거나 턱에 힘이 들어가지
않았는지 점검합니다.

5) 시작과 끝

몸과 마음을 정돈했다면 숨을 한번 크게 들이쉬고 내쉽니다. 몸
을 좌우로 천천히 움직이거나 한 바퀴 돌리면서 균형을 맞추고
편안한 자세를 취합니다. 등과 허리를 곧게 펴 바르게 앉고, 왼쪽
이나 오른쪽으로 기대지 않으며 앞이나 뒤로 굽지 않게 합니다.
일단 자세가 정돈된 뒤에는, 움직이지 않도록 합니다.

정한 시간이 끝나고 알람이 울려 좌선을 마칠 때는 시작할 때와 똑같이 몸을 좌우로 천천히 움직이거나 한 바퀴 돌리면서 풀어줍니다. 천천히, 고요히 알아차림을 유지하면서 움직입니다. 그 자리에 편히 앉거나 누워 가벼운 스트레칭을 해도 좋습니다. 몸을 갑자기 움직이거나 자리에서 급히 일어나지 않아야 합니다.

수행 1단계: 이완

이완은 1회에 10~20분 동안 진행합니다.

1) 앉아서 바른 자세를 취하고 신체 모든 부분이 편안히 이완되었는지 확인합니다. 눈, 볼, 안면근육, 입과 이빨, 턱에 힘이 들어가 있지는 않은지 확인합니다. 눈에 힘이 들어가 있으면 머리에서 힘이 빠질 수 없습니다. 만약 머리가 무겁거나 산만하거나 눈이 편안해지지 않는다면 잠시 눈을 감아도 좋습니다. 머리, 얼굴, 목, 어깨, 가슴, 배까지 위에서 아래로 하나씩 힘을 빼며 이완합니다. 만약 몸 어느 부분이라도 긴장이 들어가 있으면 다시 처음부터 머리 → 얼굴 → 목 → 어깨 → 가슴 →

배 등으로 내려오면서 모두 이완하도록 합니다.

2) 마음과 기분도 몸과 함께 이완하고 편안하게 합니다. 마음이 불안하거나 떠 있다면 1)의 과정을 한 번 더 진행해 몸의 긴장을 먼저 완전히 내려놓도록 합니다(20분 내내 1)과 2)만 해도 충분히 좋은 명상입니다).

3) 1)과 2)가 잘 되었다면 눈을 떠서 45도 각도로 내리깔아 1미터 정도 앞의 바닥을 봅니다. 특정 대상을 보지 않습니다. 뭔가를 보는 것이 아니라 시선을 편안히 내려놓는 느낌으로 합니다. 만약 여전히 눈에 긴장이 느껴진다면 다시 눈을 감아도 좋습니다. 만약 졸음이 느껴진다면 눈을 크게 떠봅니다. 하지만 눈을 떴다고 해서 무언가를 보지는 않습니다.

4) '그저 앉아 있는 몸 전체의 감각과 느낌'을 알아차려 봅니다. 특정 감각에 매이지 않습니다. 시각, 청각, 후각, 촉각 등 어떤 감각 정보에도 주의를 두지 않고, 만약 어떤 것이 들리거나 눈에 들어온다면 그것을 알아차려 다시 '몸 전체에 대한 알아차림'으로 돌아옵니다. 엉덩이나 다리, 손이나 배와 같은 몸 특정 부분이 아니라 '앉아 있는 전체로서의 몸'의 느낌에 주의를

머무르게 합니다. 의도 없이 편안히 숨 쉽니다. 호흡은 이와 함께 자연스럽게 이루어지도록 내버려 둡니다. 몸이나 마음 어딘가에 불편한 느낌이 일어나더라도 거기에 초점을 맞추지 마세요. 어디에도 집중하지 말고 다만 앉아 있는 몸 전체의 맥락에서 그것을 바라보고 다시 전체로서의 몸의 느낌에 주의를 둡니다. 몸 어딘가에 긴장이 남아 있다면 마음이 안정되지 않고 초조할 수 있습니다. 그러면 머리에서부터 다시 훑어 내려오면서 긴장을 풀어내는 1)의 과정으로 돌아갑니다.

흔히 겪는 어려움

1) 가슴을 활짝 열고 목에서부터 허리까지 등을 곧게 펴서 긴장이 들어가지 않도록 하는 것이 핵심입니다. 자세가 바르게 되어 있을수록 큰 어려움 없이 오래 앉을 수 있습니다. 물론 처음 하는 분들에게 자세가 몸에 배기까지는 시간이 좀 필요합니다. 평소 업무 스트레스로 목이나 어깨에 긴장이 많이 들어가 있는 분들은 당장 이완하기 쉽지 않습니다. 처음에는 자세가 익숙하지 않아 등에 뻐근함을 느낄 수 있습니다. 평소에 자세가 굽어 있는 경우라면 더더욱 그렇습니다. 하지만 그런 경우에도 한 달 정도 지나면 익숙해집니다.

2) 처음부터 너무 길게 하면 부담스러워서 오래 하기 어렵습니다. 10~20분으로 시작해 차차 늘려 나가세요. 몸이 먼저 자세에 적응해 나갈 시간이 필요합니다. 처음부터 너무 길게 하려면 몸이 아프고 마음이 위축되어 흥미를 잃기 쉽습니다. 부담이 되지 않도록 합니다.

3) 잘 되든 되지 않든 한 번 정한 시간의 길이는 일정하게 유지하세요. 20분 동안 하기로 알람을 맞추었다면 그 시간은 꼭 지키세요. '오늘은 잘 되네, 안 되네' 하는 생각이 들더라도 그냥 흘려보내고 행위에만 집중하세요.

4) 어떤 기대도 하지 말고 '다만 온 마음을 다해' 앉으세요. 어떤 날은 너무 잘 되고 행복하지만, 바로 뒷날 마음이 혼란에 빠져 헤맬 수도 있습니다. 지극히 정상이니 걱정할 필요가 없습니다. 시시각각 변하는 게 마음이므로 기대하지 마세요. 무엇이 일어나든 방해받지 마세요. 힘든 일이 있으면 그 일과 함께 앉으세요. 가장 고통스러운 경험이 지혜의 성장을 위해 가장 가치 있는 자원이 될 수 있습니다. 몇 주나 했는데 집중이 잘 안 된다고 낙담하지 마세요. 습관이 바뀌는 데에는 시간이 걸립니다. 그러니 조급하게 생각하지 말고 자신을 편안하게 해주세요.

5) 흔히 명상이나 수행이라고 하면 엄격한 분위기를 떠올리지만, 따뜻한 태도가 없으면 오래 지속하기 어렵습니다. 참된 수행은 자기 자신의 몸과 마음에 호기심을 갖고 따뜻하고 친절하게 돌보는 것입니다. 생명을 품고 있는 집을 정성껏 관리하는 것입니다.

6) 편안히 앉아, 컴퓨터 전원을 끄듯 생각을 끈다고 생각하며 시작합니다. 명상은 성찰이나 반성이 아니기 때문에 머리에 많은 에너지를 보낼 필요가 없습니다. 뭔가 파편들처럼 떠도는 생각들은 염려하지 않아도 됩니다. 그대로 내버려 두고 내 몸의 감각에 주의를 기울입니다.

뭔가 불안하고 집중이 안 될 때

미래에 대한 공상, 현재 일어난 일들에 대한 쉴 새 없는 수다가 우리 마음을 채울 때가 많이 있지요. 이런 정신적 흥분 상태는 명상의 반대 상태로, 오랫동안 몸에 배 단번에 고치기 어려운 낡은 습관입니다.

마음의 표면에 일어난 것들에 쳇바퀴 돌며 바쁘게 지내는 한, 우리는 결코 마음 깊이 뚫고 들어갈 수 없습니다. 현실을 있는 그대로 지각하는 데 필요한 집중력을 기를 수 없지요.

이런 정신적 흥분을 가라앉히는 방법에는 여러 가지가 있는데요, 그중 하나가 호흡에 단단히 초점을 맞추어 마음을 가라앉히는 것입니다. 주의가 흩어지려 할 때마다 다시 호흡으로 주의를 데려옵니다. 일어난 생각이나 느낌이 어떤 것이든 그것에 개입하거나 말려들지 말고, 그대로 관찰합니다.

끊임없이 일어나는 생각이나 느낌을, 마음이 일으키는 파도라고 상상해보세요. 갔다가 오고, 왔다가 가기 때문에 문제 삼을 필요는 없습니다. 하지만 때때로 심한 집착이나 분노처럼 강렬한 감정에 사로잡혀 호흡에 주의를 두기 어려울 때는 이런 감정이나 생각에 대해 따로 작업할 필요가 있습니다. 그에 대해서는 뒤에서 소개합니다. 특정 감정이나 생각 때문이 아니라 막연히 불안하고 계속 산만해질 때에는 호흡에 대한 집중을 높일 수 있는 3-3-3 호흡이 도움이 될 수 있습니다.

3-3-3 호흡법

1) 손가락으로 오른쪽 콧구멍을 막아, 왼쪽 콧구멍으로 숨을 내쉽니다. 그다음에는 손가락으로 왼쪽 콧구멍을 막아 오른쪽 콧구멍으로만 들이쉽니다. 즉, 날숨은 왼쪽 콧구멍으로, 들숨은 오른쪽 콧구멍으로만 하는 것입니다. 날숨-들숨을 하나로 세어 총 3회 이렇게 숨 쉬고요.

2) 그다음은 반대로 오른쪽 콧구멍으로만 내쉬고, 왼쪽 콧구멍으로만 들이쉽니다. 콧구멍의 역할이 아까와 반대가 되도록 해

서 역시 3회 반복합니다.

3) 그런 뒤 손가락을 내려서 양쪽 콧구멍 모두로 숨이 나가고 들어오는 것을 느껴봅니다. 이렇게 해서 본격적인 명상에 들어가면 효과적입니다.

숨이 들어오고 나가는 것에 주의를 둡니다. 다른 것에 대해 생각하지 말고 오직 콧구멍으로 숨이 들어오고 나가는 느낌에 전념합니다.

산만해지기 쉬운 마음을 잘 쓰기 위해서 반드시 필요한 것이 인내력입니다. 잘 안 된다고 해서 실망하거나 조바심 내지 마세요. 반복할수록 몸에 배고, 몸에 배면 쉬워집니다.

앉기만 하면 졸음이 쏟아질 때

온갖 생각으로 머릿속이 시끄러울 때가 있는가 하면, 졸음이 쏟아질 때가 있습니다. 등과 허리가 바르게 펴지지 않거나 어딘가가 긴장되어 뭉쳐 있어도 졸릴 수 있습니다. 눈을 감으면 몸은 잘 준비를 합니다. 그래서 눈을 떠야 합니다. 등을 곧게 펴고 고개를 앞으로 너무 숙인 것은 아닌지 확인해보세요. 고개를 숙이면 졸리게 됩니다. 방이 너무 어둡지 않은지도 살펴보세요. 조명을 더 밝게 하는 것도 도움이 될 수 있습니다.

자세를 바꾸고 창문을 열어 찬 공기를 들이는 것도 좋습니다. 그래도 여전히 졸리면 일어나서 찬물로 세수하거나 잠시 걷거나 스트레칭을 합니다. 잠이 너무 부족하거나 피로한 상태라면 명상을 하기에는 적절치 않으니 일단 휴식을 먼저 취합니다.

선불교에서 흔히 좌선 시 세 가지를 피하라는 말이 있습니다. 바로 배고픔과 졸림, 추위입니다. 너무 배고프거나 졸릴 때는 하지 말고, 너무 추운 곳에서도 하지 말라는 의미입니다. 긴장 상태로 오랫동안 일해 심신을 이완하기 위한 바디스캔이나 명상도 물론 있습니다. 몸이 너무 피곤해서 편안히 쉬고 싶어서 명상을 할 때는, 눈을 감고 하셔도 좋습니다. 그럴 때 명상은 알아차림을 위한 것이라기보다는 '이완'을 위한 것이 되지요. 몸과 마음의 긴장을 풀어주니까 낮잠을 자는 것처럼 좋은 휴식이 됩니다. 또한 잠들기 전 몸을 편히 쉬기 위해 명상을 하는 것이라면, 누워서 호흡 소리에 귀 기울이다가 잠들어도 좋습니다.

한편, 평소 긴장을 많이 하는 사람, 불안을 많이 경험하는 사람들은 명상을 하면서 이완이 되어 졸림을 자주 경험하기도 합니다. 또한 명상 중에 졸림을 자주 경험하는 것은 기저에 깔린 우울증의 증상일 수도 있습니다. '지루하고 심심하다'고 느껴 졸림을 호소하는 경우도 있지요. 마지막의 경우는 자기 자신과 대면하는 것에 대한 무의식적 공포에서 나오는 회피 행동일 수 있습니다.

어떤 이유에서든 늘 졸고 있다면 그때그때 알아차리고, 분석하려고 하기보다는 졸림에 파묻히지 않고, 지금 여기 깨어 있도록 호흡에 대한 알아차림을 유지합니다.

불편함과 거슬림에 대한 대처

몸이 불편할 때

명상을 하러 앉았을 때 몸이 이완되고 편안해진다면 명상은 잘 흘러갈 것입니다. 하지만 종종 잘 안 될 때가 있지요. 우리 몸의 긴장은 대부분 마음과 관련이 있어 해결되지 않은 문제, 두려움, 걱정, 분노 등에서 일어납니다. 가장 효과적인 해결책은 이러한 문제들을 알아차리고 잠시 옆에 내려놓는 것입니다. 번잡한 일들은 내가 앉은 자리 옆에 내려놓는다고 생각하고 시각적으로 떠올리면서 내려놓는 것도 도움이 됩니다.

또 다른 방법은 숨을 깊게 천천히 쉬는 것입니다. 몸의 긴장이나 고통이 숨을 내쉴 때 날숨에 실려 같이 나간다고 상상하는 것도 도움이 됩니다. 만약 무릎이나 다리, 등이 심하게 아프다면 좀 더 편안한 자세로 바꾸는 것도 괜찮습니다. 하지만 때로는 잠시 그 고통을 관찰하는 것도 유용합니다. '통증'이라고 겁을 내기보다는 '어떠어떠한 감각이구나' 알아차리면서 그저 바라봅니다.

소음이 거슬릴 때

조용한 곳에서 명상을 할 수 있다면 좋겠지요. 하지만 현실적으로 모든 소음을 차단할 수는 없습니다. 문제는 소음 그 자체가 아니라 우리 마음이 그것에 반응하는 방식이지요. 어디선가 좋아하는 음악 소리가 들려오면 그 음악으로 주의가 쏠리게 됩니다. 이것이 집착입니다. 반면 시끄럽거나 듣기 힘든 소리라면 짜증이나 불쾌감이 일어납니다. 어느 쪽이든 그대로 흘려보내기에는 쉽지 않습니다. 우리 마음이 그 소음에 대해 비판하는 말들을 만들어내기 시작하지요. '저게 뭐야, 누가 내는 소리야, 좀 멈추지!' 혹은 과거에 경험했던 유사한 경험을 떠올리거나 어떻게 하면 저소리를 멈추게 할 수 있을까 생각하기 시작합니다. 이렇게 떠오른 생각과 감정들이 문제가 됩니다.

어떤 소리가 났을 때 그게 거슬린다거나 없어졌으면 좋겠다고 불쾌함을 느꼈다면 그 순간 명상은 끝난 것입니다. 하지만 그 불쾌함을 바로 알아차리고, 통제하려는 마음을 내려놓으면 명상은 다시 이어집니다.

마음에 무엇이 일어났는지 알아차리고 반응하지 않고 비판하지 않으면서 그저 알아차림을 유지하는 법을 배우는 것이지요. 좋다거나 싫다는 생각을 일으키지 않고 그대로 그 소리가 일어나고 커지거나 작아지고 사라지는 것을 보는 것입니다.

이런 작업을 계속 하다 보면 놀라운 경험을 하게 됩니다. 얼마나 많은 것이 우리의 마음속에서 '이건 어떻다, 저건 어떻다' 판단을 일으키는지 발견하게 되지요. 정말 사소한 것도 그냥 넘기지 못하는 자신의 모습을 보게 됩니다. 내 마음의 번잡함과 시끄러움이 사실은 바깥 자극이 아니라 내 판단과 해석에서 나온다는 것을 경험으로 알게 됩니다.

6장 문제_
내가 회피하거나 인정하지 않으려는 것이 있나?

"내가 있는 곳에서 일어난 문제들을 받아들이지 않으면,
나 자신을 있는 그대로 받아들일 수 없다."[15]

_스즈키 순류

힘들 때 할 수 있는 간단한 자기 돌봄

1) 명상에 들어가기 전 자기의 몸과 마음의 상태를 확인합니다. 지금 마음이 좀 급한가요? 졸리나요? 어딘가 아픈 곳이 신경 쓰이나요? 누군가가 한 말이 계속 귓전을 울리나요? 화가 났나요? 무엇이 됐든 좌선에 들어가기 전 현재 자기 상태에 대해 점검합니다. "지금 어떤 느낌인가?"

2) 지금 느낌이 어떤가요? 두드러지는 것이 기분이나 감정이 될 수도 있고, 몸의 감각이 될 수도 있습니다. 어딘가 가렵거나 당기거나 뻐근하거나 통증과 같은 신체적 불편감이 될 수도 있습니다. 자기 자신에게서 느껴지는 것을 그대로 느껴봅니

다. 그 느낌과 함께 있습니다.

지금 생각은 어떤가요? 조금 이따가 해야 할 일들에 대한 생각들로 바쁜가요? 졸리고 좀 귀찮은가요? 멍하니 아무 생각이 없나요? 아니면 잡다한 생각들로 시끄러운가요?

지금 상태가 어떠하든 간에 그런 상태를 잘 알아차립니다. 그런 상태와 함께 앉습니다. 문제가 있다면 문제를 몰아내거나 해결하는 것이 아니라 문제와 함께 앉는 것입니다.

지금 내 안에 주의를 잡아끄는 불편한 감각이나 감정, 생각이 있나요?

그것을 하나의 문장으로 한번 정리해 봅니다.

"나는 ○○○ 부분이 ○○○하게 느껴진다."

불편한 곳에 귀 기울이는 명상

1) 바른 자세로 앉습니다.

2) 날숨을 길게 뱉으며 호흡으로 마음을 고요히 가라앉힙니다.

3) 불편하거나 힘들게 느껴지는 감정이나 생각, 감각이 있다면 그것이 몸 어느 부분에서 주로 느껴지는지 구체적인 부위를 찾아 거기에 주의를 집중합니다. 분석하는 것이 아니라 경험하는 것이므로 머릿속에서가 아닌 몸에서 찾습니다.

4) 어깨, 가슴 혹은 윗배나 아랫배가 될 수도 있겠지요. 뭔가

불편하게 느껴지는 신체 부위에 주의를 둔 채, 숨을 내뱉으면서 그 부분의 긴장과 걱정도 함께 내뱉습니다.

5) 들숨으로 들어오는 생생한 기운을 그 부분에 가져다 둡니다. 맑은 공기가 따뜻하게 어루만지는 느낌으로 그 부분을 돌봅니다.

6) 끝나면 편안한 자세로 쉽니다. 불편한 부분을 손으로 어루만져 주는 것도 좋습니다.

몸에서 감정을 느낀다

우리가 호흡명상을 할 때 호흡을 어떻게 하는지 생각하는 게 아니라 호흡을 경험하라고 합니다. 자전거를 탈 때 '이 발을 먼저 보내고 그다음 이 발을 보내야지'라거나 '오른발이 3초 빨랐네. 다음엔 정확한 속도대로 돌려야지'라고 생각하면서 타지 않죠? 그냥 리듬에 몸을 맡기죠. 호흡명상도 이와 비슷합니다. 호흡명상은 호흡에 대해 생각하는 것이 아닙니다. 관찰하는 것도 아니죠. 분석하는 것은 더더욱 아닙니다. 다만 실시간으로 호흡이 들어오고 나가는 것을 경험하는 것입니다.

감정에 대해서도 마찬가지입니다. 뭔가 가슴이 콱 조이거나 따가운 느낌, 배에서 느껴지는 답답함, 어깨가 무거운 느낌, 등이 뻣뻣해지는 느낌 등을 그냥 느껴봅니다. 그러한 느낌이 억울함, 외로움, 분노, 후회, 죄책감, 안타까움 등으로 문자화되면서 스토리를 쓰려고 할 때, 그것을 알아차려 그만둡니다.

몸의 생생한 느낌에 좀 더 다가갑니다. 때로는 몸과 마음이 고통으로 꽉 차 있어서 아무것도 할 수 없을 때가 있습니다. 그럴 때는 고통과 함께, 고통 위에, 고통 안에 앉아 있습니다. 어떠한 노력도 필요하지 않습니다. 그대로 머물러서 천천히 호흡하며 기다립니다. 앉아 있는 것이 너무 힘들면 같이 일어나 천천히 걸어도 좋고요. 물 한 잔이나 따뜻한 차 한 잔을 마셔도 좋습니다. 불편한 감정들, 고통스런 부분들을 함께 데리고 다닌다는 느낌으로요.

불편한 감정이나 느낌을 떨치고 잊어버리려면, 매번 떨치고 잊어버려야 합니다. 골목길에서 무서운 개를 만나면 돌아서 가야하는 것처럼 매번 도망가야죠. 자신을 깊게 이해할 수 있는 기회도 놓치게 되고요.

처음엔 부담스럽더라도, 내 안의 부분들로 받아들이고 깊게 경험해 통과해나가면 다음번에 좀 더 유연하게 대처할 수 있습니다. 내키지 않는 감정들, 불쾌한 것들과 어떻게 관계하는가 하는 것이 결국 우리 자신에 대한 태도이며 명상에 있어서 매우 중요한 과정입니다. 가짜 평정심은 의미가 없습니다. 명상 캠프에 가서는 모든 감정을 초월한 사람처럼 평안한 표정을 짓다가 집으로 돌아와서 화내고 소리 지르고 비난하면 무슨 소용이 있습니까?

'나'라고 하는 것은 그 모든 것들을 있는 그대로 간직할 수 있고 내버려 둘 수 있는 공간이죠. 좌선은 그것을 생생하게 경험하는 장입니다. 내 모든 면을 깊게 들여다보는 과정이고 기회입니다. 일상에서 자연스럽게 꾸준히 이루어지는 것이 가장 좋습니다.

템플스테이나 수련 프로그램에 가서 집중적으로 수행을 하는 것은 일상에서 할 수 있도록 스스로 동기를 부여하거나 방법을 체득하기 위함이지, 그것으로 끝내기 위해서가 아닙니다. 오히려 시작인 것이지요. 집으로 돌아와 내 일상에서 이어가야 합니다. 밥 먹고 양치하듯, 때때로 앉는 것이 내 몸에 배도록 해야 합니다.

기쁨이나 편안함, 안도감과 같은 긍정적인 감정이 들면 명상이 잘 되고 있는 것이고 슬픔, 두려움, 불안, 화와 같은 부정적인 감정이 들면 명상이 안 되는 것이 아닙니다. 어떤 감정이든, 어떤 경험이든 있는 그대로 함께하는 것이 명상입니다. 가만히 앉아서 명상을 하다가 몸 안에 분노가 요동치는 것이 느껴질 수도 있고요, 얼굴이 부끄러움으로 시뻘겋게 될 수도 있습니다. 괴로움이 온몸을 비집고 튀어나오는 것처럼 느껴질 수도 있고요. 안타까움과 답답함으로 눈물이 주룩주룩 흘러내릴 수도 있습니다.

감정이 강렬해지는 것은 늘 생각 때문입니다. 과거 경험이나 미래에 대한 공상에서 비롯되는 다양한 생각들이 감정에 덧붙여지면서 파장은 더 커져 갑니다. 처음엔 어렴풋이 불쾌하다가 생각이 거기에 보태지면서 점점 더 선명하고 생생한 감정이 되어 가죠.

고통스런 경험과 관계 맺기

너무 화가 나서 힘들 때, 모든 것을 비우고 호흡에 전념할 수 있을까요? 가능하지 않을 것입니다. 설령 가능하다고 해도 이것은 그 감정을 회피하거나 억압하는 것이 되어버릴 수 있습니다. 이처럼 감정이 힘들게 할 때는 감정이라는 그 경험 안으로 들어가야 합니다.

머릿속에서 생각과 감정을 반죽하면서 이야기를 만들어내는 것이 아니라 그럴 때일수록 몸으로 주의를 돌립니다. 머리는 잠시 꺼두셔도 좋습니다. 숨을 깊게 내쉬고 들이마십니다. 호흡과 함께 그 감정을 몸 안에서 경험합니다.

호흡은 현재에 머무르는 가장 강력한 방법입니다. 따라서 호흡을 밧줄 삼아 격렬한 감정 경험 안으로 들어가 볼 수 있습니다. 우리가 호흡을 잊고 그 감정에 달려든다면 압도되어버릴 수 있습니다. 감정에 파묻혀 질식할 수도 있습니다. 하지만 그 감정과 함께 계속 호흡을 유지할 수 있다면 그러한 압도, 매몰됨 없이 내 몸에서 일어나는 감정을 있는 그대로 경험할 수 있습니다.

얼굴이 시뻘게져서 터져버릴 것 같거나, 손발이 차갑고 머리가 하얘지거나, 윙윙윙 멀미가 나는 것처럼 머리가 아프거나 속이 부글거리더라도 우리가 호흡을 잊지 않고 계속한다면 괜찮습니다. 우리는 이러한 감정과 함께 호흡해야 합니다. 애써 평정심을 갖고 호흡에 집중해야 하는 것이 아닙니다. 내 경험 그대로 함께하는 것입니다.

중요한 것은, 우리의 생각이나 행동으로 불편한 감정을 몰아내는 것이 아니라, 불편한 경험으로 다가가는 것입니다. 우리는 불편한 경험 안에서 호흡합니다. 우리의 일부분인 강한 감정과 함께하는 것이죠. 오히려 반복되는 힘든 감정을 더 깊게 들이마시는 상상을 할 수도 있습니다. 나의 일부가 경험하는 불편한 감정과 고통을 전체로서의 내가 안아주는 겁니다. 화, 두려움, 질투나 결핍감을 느낄 때, 그것을 들숨과 함께 들이마시세요. 그런 감정을 느끼는 것이 세상에 나 혼자만은 아닙니다. 수많은 사람이 과거에, 현재에, 미래에 그와 비슷한 고통을 경험해왔습니다. 인간의 보편적 경험이니까요, 부끄러워할 일이 아닙니다.

　물론 쉬운 일은 아닙니다. 하지만 저항감이나 불편감을 느끼더라도, 때로는 그 경험 안으로 들어가는 것이 필요합니다. 왜 그럴까요? 한번 정확히 그 안으로 들어가 함께하면, 다음번에 비슷한 감정이 튀어나오더라도 두려워하지 않게 됩니다. 도망가거나 억압할 필요가 없게 되지요. 자기 자신에 대한 이해가 더 깊어져서 유연해집니다.

　앉아 있는 몸 전체에 대한 알아차림을 기둥 삼아 나를 단단하게 묶어 두고, 감정 안에서 호흡을 유지하다 보면 감정들이 약해지기도 하고 강해지기도 합니다. 나도 모르게 강렬한 감정이 줄어들거나 사라졌다면 사라지는 대로 내버려 둡니다. 계속 강한 감정이 버티고 있다면 천천히 깊게 호흡하십시오.

몸 전체에 대한 알아차림

지금 무엇이 들리나요? 무엇이 보이나요? 무슨 냄새가 나나요? 무슨 맛이 나나요? 피부에 어떤 느낌이 일어나나요? 시각, 청각, 후각, 미각, 촉각…… 이러한 감각 경험들은 '실시간'으로 할 수밖에 없습니다. '이건 좋아!' 혹은 '이건 싫어!'라고 판단하면서 뭔가를 떠올리며 생각에 빠졌다가는 실시간 경험을 놓치게 되지요. 멍하니 생각에 빠진 사람은 지금 눈앞에서 벌어지고 있는 것들을 포착하기 어렵습니다. 따라서 이러한 감각들은 지금, 여기에서의 알아차림을 위한 좋은 수단이 됩니다.

흥미롭게도 이렇게 마음챙김의 좋은 도구로 쓰일 수 있는 감각기관은 동시에, 우리의 고통을 가중시키는 한계로 작용하기도 합니다. 왜 그럴까요?

눈, 귀, 코, 혀, 살갗을 통해 바깥의 어떤 자극을 알아차리는데, 알아차림이 일어나는 순간 나도 모르게 판단이 일어나지요.

'저건 ○○○인데 좋은 거야.' 혹은 '저건 ○○○일 것 같은데 불쾌하게 느껴지네. 별로다' 등으로 뇌와 몸이 시시각각 해석하고 반응합니다. 경험하는 사람과 따로 떨어뜨릴 수 있는 객관적 감각이란 없습니다. 판단과 해석이 들어가면서 감각 경험은 인간에게 집착 혹은 혐오의 대상이 됩니다.

인간이 경험하는 고통의 대부분은 이러한 감각 경험과 관련이 있습니다. 트라우마도 결국 감각 경험과 기억이 맞물려서 생겨나는 것이죠. 자기도 모르는 사이에 시각, 청각, 후각, 미각, 촉각 중 어떤 감각이 특정 기억을 건드려서 생각을 촉발시키고 감정을 뭉게뭉게 일으키면서 지금, 여기에서의 감각을 차단해버리는 것입니다. 잠재적 위험에 대한 과도한 방어 반응 때문에 몸과 마음에 셔터가 내려져, 본의 아니게 현재에서 격리되어 버리는 것이 트라우마입니다.

심리상담사들이 트라우마 치료를 할 때 꼭 언급되는 원칙 중에 '한쪽 발은 현재에 있게 하라'는 얘기가 있습니다. 과거에 경험했던 극심한 불안이나 공포, 엄청난 강도의 통증 혹은 완전한 무기력감을 다시 경험할 때 우리는 압도되기 쉽습니다. 두 발이 과거로 모두 들어가버리면, 생각과 감정에 파묻혀 과거에 경험했던 것보다 더 커다란 고통과 혼란에 휩싸일 수 있습니다. 그래서 한쪽 발을 현재에 단단히 내리고 안전한 환경 속에서 다시 경험하는 것이 중요한데요. 대표적인 방법이 전문가와 함께 작업하는 것입니다. 비유하자면, 내가 과거의 구덩이로 다시 들어갈 때 단단한 밧줄을 허리에 매어 들어가는데 그 밧줄이 현재에 발붙이게 하는 것이고, 그 밧줄을 붙잡고 있는 것이 상담사인 셈입니다. 아무리 고통스러운 경험이라도 '지금은 더 이상 그렇지 않다', '지금은 안전하다'는 것을 동시에 느끼면서 다시 경험하는 것이죠.

그런데 명상도 이와 비슷한 밧줄의 역할을 합니다. 우리가 '앉아 있는 몸 전체의 느낌'에 알아차림을 유지하는 것도, 내가 있는 지금 이곳에 닻을 내리게 합니다. 믿을 만한 커다란 나무에 밧줄을 매어, 무언가를 찾기 위해 구덩이로 내려가는 것처럼 '앉아 있는 몸 전체의 느낌'에 주의를 두면서 내 안의 일부에 해당하는 혼란스러운 경험들과 함께한다면 결코 매몰되거나 휩쓸리지 않습니다.

여러분이 방금 어떤 경험을 했든 온몸의 긴장을 하나하나 내려놓고 앉아 '몸 전체의 느낌'에 알아차림을 유지하면 몸 안팎에서 일어나는 어떤 일이든 있는 그대로 다 바라볼 수 있습니다. 내가 통제하려고 애쓰는 작은 자아들은 '상처 입었다, 나는 피해자다, 자존감이 무너졌다, 쓸모없다, 버려졌다' 등 온갖 이름을 붙이며 휘청거리더라도, 전체로서의 나는 휘둘리거나 영향을 받거나 끌려가지 않습니다. 이런저런 감정들을 다만 함께하고 느낄 뿐, 해설하거나 평가하지 않고 각각의 느낌에 머물 수 있습니다. 그게 우리 모두에게 이미 들어 있는 '전체로서의 나'입니다.

7장 고요_
이 순간, 가만히 머무르지 못하도록
나를 가장 방해하는 것은 무엇인가?

"우리는 항상 간극을 어떻게 메울까 이야기한다.
항상 말만 해서 실제가 어떤지조차 모른다.
그러다 결국 지쳐버린다.
부디 말을 멈추고 마음을 고요히 가라앉혀
지금 삶의 에너지가 끊임없이 흐르는 것에 그냥 있어 보라."[16]
_카타기리 다이닌

신체 감각 활용하기

처음 시작하는 분들 중, 몸 전체의 감각을 알아차리는 것이 어렵게 느껴진다고 하는 분들이 많이 있습니다. 생각을 하지 말라고 하는데 어떻게 안 하느냐고 묻는 분들도 많이 있지요. 사실 명상은 생각을 하지 않거나 비우는 것이 아닙니다. 명상은 생각을 하는 것도 아니고 하지 않는 것도 아닙니다. 생각을 하거나 하지 않는 것, 그 자체를 알아차리고 바라봄으로써 생각의 내용에 끌려가지 않는 것에 가깝습니다.

우리는 자신도 모르게, 불필요한 생각의 쳇바퀴를 끊임없이 돌리면서 살아가는데요. 이런 습관을 끊고, 필요할 때에 꼭 필요한 곳에만 생각을 쓸 수 있다면 훨씬 편안해지겠지요? 명상을 하

다 보면, 알아차림과 상위인지 능력이 늘어나기 때문에 생각하는
능력도 효과적으로 더 잘 쓸 수 있답니다.

그렇게 되기까지는 우선 작은 것부터 시작해야 하는데요. 좀
더 실용적이고 구체적인 기준을 마련해보도록 하겠습니다. 바로
신체 감각을 활용하는 방법입니다.

1) 우선, 쿠션에 닿아 있는 엉덩이의 느낌을 경험합니다. 그 느
   낌, 그 감각을 명상의 대상으로 삼는 것입니다. 아프다, 편안
   하다, 불편하다 등으로 설명할 필요는 없습니다. 엉덩이가 쿠
   션에 앉아 있는, 닿아 있는, 누르는 느낌을 있는 그대로 직접
   경험합니다. 자신도 모르게 설명하면서 생각을 따라가고 있음
   을 알아차리게 되면 담백하게 "생각이구나" 하고는 바로 지금
   의 느낌으로 돌아오세요. 단순하게 몸의 감각을 느껴보세요.
   앉아 있는 몸 전체의 감각을 느껴보세요.

2) 손바닥의 느낌에 주의를 가져갑니다. 손이 다리를 누르는 느
   낌에 주의를 두세요. 손이 닿아 있는 것에 대해 느낍니다. 잘
   느껴지지 않을 경우에는 손가락을 한번 까딱거려 보세요. 손
   에서 무엇이 느껴지나요? 손에서 뭔가 찌릿찌릿한 느낌 같은
   것이 있나요? 내 모든 의식이 마치 손에 들어 있는 것처럼 주

의를 거기로 모아보세요. 맥박이 뛰는 것이 느껴질 수도 있고
요. 찌릿찌릿하거나 묵직한 느낌이 들 수도 있습니다. 우리 몸
의 에너지를 몸 안에서 한번 느껴봅니다. 앉아 있는 몸 전체의
감각을 느껴보세요.

수행 2단계: 몸과 마음이 하나 됨

이 수행은 내가 곧 앉아 있음 그 자체가 되는 수행입니다. 1회 20~30분 동안 진행합니다.

바른 자세를 잡고 1단계에서 출발합니다. 몸이나 마음 어딘가가 긴장되어 있거나 힘이 들어가 있다면 언제든 1단계의 처음으로 돌아갑니다. 몸 전체가 충분히 이완되지 않았다면 2단계를 진행해서는 안 됩니다. 특히 머리가 무겁거나 어깨와 목에 만성적으로 긴장이 있는 경우에는 충분히 힘이 빠질 때까지 1단계만 몇 달 동안 진행해도 괜찮습니다.

앉아 있는 몸 바깥으로 소리가 들리거나 이미지가 보이고, 앉아 있는 몸 안으로는 생각과 감정, 감각 경험이 일어날 수 있습니다. 소리, 이미지, 생각, 감정, 감각 경험 무엇이든 내 안팎에 일어난 자극에 대해 알아차린 뒤 그것을 따라가지 않고 기준점으로 돌아오고, 또 다른 자극에 대해 알아차린 뒤 기준점으로 돌아옵니다. 이때의 기준점이란 '내가 앉아 있는 몸 전체의 느낌' 혹은 '앉아 있음 전체의 감각'입니다.

예를 들어, 손가락 끝에 어떤 느낌이 느껴지면 그걸 알아차린 뒤 가볍게 내가 앉아 있는 몸 전체의 느낌에 주의를 가져갑니다. 무릎에 조금 뻐근한 느낌이 일어나면 거기로 주의를 향하지 않고, 알아차린 후 다시 앉아 있음 전체의 감각에 주의를 가져갑니다. 소리, 이미지, 생각, 감정, 몸 특정 부분에 대한 감각 느낌 중 어느 특정한 것을 따라가지 않습니다. 마치 말뚝에 긴 줄로 매여 있는 말이 이쪽저쪽으로 달려 나가다가도 이내 다시 돌아오는 것처럼 '앉아 있음 전체의 감각'은 말뚝의 역할을 해줍니다.

호흡을 통제하거나 의도적으로 조절하려고 하지 않습니다. 호흡에 집중하거나 호흡을 세지도 않습니다. 숨이 들어오고 나가는 것 혹은 배가 올라가고 내려가는 것을 단순히 관찰하고 유지합니다. 호흡은 우리가 앉아 있음에 대한 감각을 알아차리기 위한 매개체로 사용하는 것이지 본질은 아닙니다. 지나치게 호흡에 주의를 두게 되면 오히려 앉아 있는 몸 전체에 대한 감각을 놓치게 될 수 있습니다.

만약 명상 중 다리가 아플 때, '아프지만 움직이지 않고 참을 거야, 참을 거야, 절대로 안 움직일 거야. 반응하지 말자'고 한다면 이미 고통에 반응하고 있는 것입니다. 그 부분에 집중하지 않고 몸 전체의 맥락에서 아픈 부분의 느낌을 그대로 바라볼 경우 그것이 희미해지거나 점차 약해지기 마련입니다. 하지만 계속 신경이 쓰여 힘들 경우에는 간단히 다리를 펴서 움직인 뒤에 다시 원래의 자세로 돌아가면 됩니다. 어딘가 가렵거나 불편할 때도 마찬가지입니다. 한번 자세를 잡았다면 가능한 한 움직이지 않는 것이 좋지만, 통증이나 간지러움 등 몸의 불편함이 계속 신경 쓰인다면 문제를 해결하고 다시 시작할 수 있습니다.

생각에 대해서는 항상 평상심으로 대합니다. 산만한 생각이 일어난다고 해도 조급한 마음을 갖지 않고, 그에 대해 알아차리고 '앉아 있는 몸 전체'로 돌아옵니다. 특히 걱정과 불안이 심하거나 분노가 들끓거나 좌절감이 클 때 마음이 더 산란해질 수 있는데 이럴 때는 1단계의 작업을 통해 자세를 한 번 더 점검해 이완하도록 합니다. 도저히 잘 되지 않을 때는 잠시 걷거나 다른 일을 하다가 나중에 다시 앉을 수도 있습니다.

몸 어딘가가 아플 때

    명상 도중 배/가슴/목에서 긴장감 같은 것을 느낀다고 하는 분들이 많이 있습니다. 배(가슴/목)에 뭔가 걸려 있거나 조이는 느낌이 있는지 봅니다. 만약 그렇다면 먼저 그 부분을 편안하게 해주고 따뜻한 관심을 기울입니다. 조이는 느낌과 편안해지는 느낌을 호흡하면서 모두 느껴보세요. 호흡하면서 스스로 그 부분을 이완시킬 수 있는지 해보고 배(가슴/목)를 편안하게 하는 느낌을 느껴보세요. 부드러워진 배의 느낌을요. 보는 것도, 생각하는 것도 아닌, 감각 느낌에 집중합니다. 그 부분으로 숨이 들어오고 나가는 느낌을 느껴보세요. 때로는 호흡이 깊고 때로는 얕을 것입니다. 무엇이 되었든 그대로 경험하고, 숨이 몸으로 들어오고 나가는 느낌을 느껴봅니다.

몸 안에 아프거나 불편한 부분이 있을 때는 그 부분에 초점을 맞추면 됩니다. 우리 몸의 모든 통증이나 느낌은 명상의 대상이 되기에 좋습니다. 아플 때에도 물론 명상이 가능합니다. 아픔은 선명하기 때문에 주의를 두고 알아차림을 유지하기 좋은 대상이 됩니다.

앞의 2단계의 지침처럼 전체를 지각하면서 부분을 전체의 맥락 안에서 대하는 수행을 하다 보면, 우리가 어떤 생각이나 느낌, 통증 등에 대해서 늘 '전체에서 바라보는' 관점이나 여지가 생겨납니다. 따라서 특정 경험이나 일에 대해 심각하게 압도되거나 매몰되는 일이 줄어들어 보다 유연하게 대처할 수 있습니다.

힘든 감정, 안전이나 안정을 위협하는 불쾌하고 불편한 경험은 무상을 두드러지게 함으로써 한 번 더 실체를 보게 하는, 깨달음의 재료가 됩니다. 현실적으로는 마이너스인 순간들이 깨달음의 관점에서는 분명 플러스가 되기 때문에, 무엇이 좋은 일이고 나쁜 일인지 구별하는 것조차 의미가 없을지도 모릅니다. 감당하기 힘들 정도로 버겁고 괴로울 때는 포기하지 않고 도망가지만 않으면 됩니다. 때론 고요히 숨만 쉬어도 됩니다. 너무 잘하려고 하지 않아도 됩니다.

그럴 땐 그런 대로

어떤 날은 의욕에 차 있지만, 어떤 날은 다소 귀찮고 몸이 무거울 때가 있습니다. 그날 해야 할 일이 떠올라 마음이 급해지는 날이 있고, 괜히 졸리고 피곤한 날이 있습니다. 이유 없이 기분이 가라앉을 때도 있고, 사소한 기대감으로 괜히 들뜨기도 합니다. 정신이 둔해지는 것 같은 날이 있고, 정신이 날카로워지는 날도 있지요. 그런 변화무쌍한 상태를 동반한 채로, 그대로 정해진 시각에 정해진 곳에 앉습니다. '오늘은 명상이 잘 되겠네, 오늘은 잘 안 되겠네' 하는 생각이나 판단, 기대 자체를 내려놓습니다.

매번 앉을 때마다 그때의 기대감, 흥분 혹은 실망감과 불쾌감 등 이러저러한 감정과 생각들이 같이 앉습니다. 아무것도 없이 진공 상태로 앉기란 불가능합니다. 생각을 완전히 차단하거나 없애는 것이 명상이라고 오해하는 분들이 많습니다. 그래서 머릿속이 복잡하고 이런저런 생각이 떠올라서 '나는 잘 안 되네', '명상 체질이 아닌가 봐' 하고 좌절합니다.

명상은 지금 여기에 깨어 있는 것입니다. 그런데 내가 만약 고통스러운 감정과 힘든 생각이 계속 떠오른다면 어떻게 해야 할까요? 멈춰야 하는데 멈춰지지 않으면요? 명상을 할 만한 때가 아니기 때문에 그만두어야 할까요? 나중에 생각이 좀 정리되면 해야 할까요? 오히려 그런 고통, 불편함과 함께하는 것이 명상입니다. 지금 일어난 것에 대해 일어난 대로 함께하는 것입니다. 그래서 감정을 억제하고 차단하는 게 아니라, 오히려 있는 그대로 받아들이게 됩니다. 다만 지금 내가 여기서 느끼는 감정이나 몸의 감각, 지금 일어나는 것에 초점을 맞추는 것이지 '과거에 이랬기 때문에 내가 지금 이렇게 됐네'라든지 '지금 이러다가는 미래에 저렇게 될 게 뻔해!' 하면서 이야기를 지어내지 않도록 주의해야 합니다.

평소 우리가 생각이 많다고 할 때, 지금 이 순간이 아닌 과거의 일에 집착하거나 미래의 일을 걱정하여 대비하려 하기 때문인 경우가 대부분입니다. 지금 여기 내 몸에, 내 마음에 일어나는 것에 초점을 맞추다 보면 긴 생각이 이어지기 어렵습니다. 지금의 상태는 계속 변화하니까요. 변화를 알아차리려면 의식이 지금 여기에 있어야 하잖아요. 그래서 지금, 여기에 초점을 맞추면 오히려 생각이 꼬리에 꼬리를 물고 이야기를 써나가는 것을 하지 않게 됩니다. 하나의 생각에 생각을 덧붙이며 그 생각들을 따라가다가도 정신을 차리고 지금 여기로 돌아오는 겁니다. 하나의 감정에 빠져들어 왜 그런 감정이 일어나는지 생각을 하면서 감정과 생각을 쫓아가다가도 정신을 차리고 지금 여기로 돌아옵니다.

감정이나 생각, 판단을 따라가는 게 아니라 '내가 앉아 있는 몸 전체의 감각'으로 돌아옵니다. 뭔가에 주의가 쏠렸다가도 알아차려 바로 돌아옵니다.

8장 역경_
나를 가장 힘들게 하는 상황,
웬만하면 피하고 싶은 일은 어떤 것인가?

"여러분이 생각하는 그 어떤 것도 근본적인 문제가 아닙니다.
어디에도 근본적인 문제는 없습니다.
우리가 그렇게 정의할 뿐이죠.
우리가 '근본적인 문제'라고 믿는 그 생각밖에 근본적인 문제는 없습니다."[17]

_페마 쵸드론

수행 3단계: 자기와 주변 환경이 하나 됨

이 수행은 1회 40분 동안 진행합니다.

2단계가 깊어지면 자연스럽게 3단계로 진행됩니다. 나의 내부와 외부가 하나로 지각되지요. 더 이상 몸이나 마음의 무언가로 산만해지거나 괴롭지 않습니다. 몸 어느 일부분의 감각이 경험된다면 아직 3단계가 아니라고 보면 됩니다. 이럴 때는 몸 전체의 감각에 대한 알아차림을 유지하면서 2단계 수행을 지속합니다. 3단계에 이르면 내 주변의 모든 것이 곧 내가 되고, 내가 곧 모든 것이 됩니다. 환경과 내가 따로 있지 않게 되는 것이지요. 주변 환경의 직접성을 경험하지만 환경에 영향을 받지 않습니다. 즉 바깥 소리나 바깥의 이미지, 냄새나 촉감 혹은 내면의 생각이나 신체 감각 혹은 감정의 알갱이들을 직접적으로 알아차리지만 그에 반응하거나 영향받지 않습니다.

움직임이 없고 흔들림 없으며 나를 둘러싼 다양한 것들에 매우 명확히 깨어 있게 되는데, 이것이 3단계입니다.

청소, 요리, 밥 먹기, 목욕하기 등 일상생활의 행위를 통해서도 수행을 할 수 있습니다. 매 순간 하는 일상의 일들은 우리와 별개가 아니지요. 그대로 나 자신입니다. 내가 하는 일이나 환경과 하나 되는 것, 긴장이 없는 열린 자세, 명료한 마음으로 몸과 마음, 환경이 하나일 때 그 일을 좀 더 쉽게 할 수 있습니다.

이완이 기초입니다. 탄탄하게 기초가 자리 잡혀 있어야 합니다. 그런 뒤 내 몸의 전체성을 알아차리고 그 알아차림의 단순함을 유지합니다. 몸으로 인해 느껴지는 불편감이나 부담, 감각 느낌들이 모두 떨어져 나갈 때 감각적 장이 확장되면서 내 주변의 환경은 더 이상 나와 분리되지 않습니다. '다만 앉아 있음'의 단계에서 자연스럽게 발전해 이르는 단계이므로 미리 상상하거나 생각으로 앞서가지 않도록 합니다. 이해가 아니라 충분한 수행이 필요하고, 앉아 있는 몸을 통해 직접 경험되어야만 합니다. 특정 이미지나 소리에 마음이 흐트러짐 없이 주변의 모든 환경을 자신의 존재로 알아차립니다.

집착 다루기

무언가를 원하고 그로부터 떨어지기를 원치 않는 것은 집착입니다. 욕망, 갈망이라고도 합니다. 그것을 얻으면 만족감, 즐거움, 기분 좋음, 쾌감을 줄 것이라고 믿기 때문에 매달리는 것입니다. 애초에 이 믿음이, 전제가 잘못되었기 때문에 집착은 문제를 일으키지요.

욕망이 언젠가는 충족되거나 만족될 거라는 생각은 환상입니다. 욕망은 욕망으로 이끌지, 결코 만족으로 이끌지 않지요. 물론 우리가 살아 움직이는 한, 욕망이 아예 없을 수는 없습니다. 하지만 실시간 내가 무엇을 당기려 하는지, 그것이 어떤 생각이나 감정, 행동으로 이어지는지 알아차릴 수는 있지요. 알아차리면 조절할 수 있게 됩니다.

만약 여러분이 집착 때문에 어려움을 겪고 있다면 다음과 같은 순서로 한번 들여다봅니다.

1) **집착했던 경험에 대해 떠올려봅니다.** 무언가에 집착하게 되면 비현실적 기대감으로 가득 차 흥분하게 되지요. 공상과 망상 가득 떠다닙니다. 그래서 결국 행복했나요? 그때 무엇을 얻었나요? 집착의 결과는 대개 실망이나 좌절, 절망입니다. 집착은 늘 불만족과 불행으로 이어집니다. 결코 만족감이나 행복으로 안내하지 않죠. 그러니 이제 우리 자신에게 정직해져야 할 때입니다. 집착이 가리고 있는 진실을 보아야 합니다.

2) **한 순간과 다음 순간 사이에 틈을 만들어 봅니다.** 게임이나 음주, 쇼핑이나 먹기 등 어떤 행위에 과도하게 집착하고 있다면, 그 행위로 무심코 돌진하기 전에 잠깐 멈추어 틈을 냅니다. 5초를 세면서 길게 숨을 내뱉습니다. 행위를 마치고 난 뒤, 잠시 뒤에 내가 느낄 상태를 한번 생생하게 떠올려보세요. 욕망, 충동과 관련된 행동들은 매우 자동적으로 이루어지는 것처럼 느껴집니다. 강렬한 감정에 이끌려 하게 되는 파괴적인 행동도 마찬가지입니다. '나도 모르게' 어찌하다 보니 순간적으로

또 그렇게 하고 있습니다. 왜 내가 그런 행동을 반복하게 되는지 이유를 파악하고 이해하는 것도 중요합니다. 하지만 그보다 더 효과적인 것은 '틈'을 만드는 것입니다. 마치 자동적으로 이어지는 것 같은 일련의 행동들 사이사이에 일부러 틈을 내어 자동성을 약화시키는 것입니다. 그 틈에서 우리는 한 번 더 알아차림의 기회를 얻을 수 있습니다. '꼭 해야 하는 걸까? 이보다 나은 행위는 없을까?'

3) **죽음에 대해 명상하는 것도 도움이 됩니다.** 죽음은 우리에게 언제든 올 수 있습니다. 우리는 지금도 늙고 병들고 죽어갑니다. 서서히 진행되기 때문에 알아차리지 못할 뿐이죠. 내일 당장 죽는다면 지금 그 대상이나 행위에 계속 집착하시겠습니까? 내가 집착하고 있는 사람에 대해 혹은 갖고 있는 소유물이나 재산, 좋아하는 것들에 대해 어떻게 느껴지시나요? 죽기 직전의 내 모습은 어떤 것이 될까요?

화 다루기

걸핏하면 화를 내고 분노 조절이 잘 안 되는 사람들 중에는 신경전달물질이나 호르몬에 이상이 있는 경우가 있고요, 자신의 감정을 느끼거나 표현하는 것을 금기시하는 환경에서 자라 마음이 껄끄럽고 불편한 것을 모두 '화'로 표출하는 사람도 있습니다. '화'는 덜 수치스럽게 느껴지기 때문에 수면 위로 제일 잘 드러나는 감정입니다. 슬퍼서 화를 내고, 불안해서 화를 내기도 합니다. 한편 화를 낼 때 우리 몸에서는 테스토스테론(testosterone) 수준이 높아지는데요. 이 호르몬은 우리 몸의 통증 역치(pain threshold)를 높임으로써 통증을 덜 느끼게 합니다.[18] 분노가 일시적으로는 고통을 완화시키는 효과를 발휘하죠. 물론 이것이 지속 가능하지는 않습니다. 무엇이든 지나치면 다른 불균형, 다른 증상을 초래합니다.

무언가로부터, 누군가로부터 안 떨어지려고 하는 집착과 달리, 화는 떨어지기를 원하는 태도이자 해를 끼치고 싶은 마음입니다. 우리의 화는 대개 다른 사람들을 향합니다. 하지만 자기 자신을 향할 때도 있고요, 사물을 향할 때도 있지요. 화는 다양합니다. 누군가가 후루룩 차 마시면서 소리를 낼 때 짜증이 올라오는 것부터요, 사람을 죽이거나 괴롭힌 사람들을 향한 강력한 증오심도 있습니다. 화는 집착과 연결되어 있습니다. 집착이 좌절될 때 일어나는 것이 화니까요.

화는 인내심, 참을성, 자비나 사랑과 정반대 지점에 있습니다. 화 역시 잘못된 인식, 무지에서 나옵니다. 화는 우리로 하여금 말이나 행위를 통해 해를 끼치게 합니다.

화가 나쁘다는 것은 누구나 압니다. 하지만 그럼에도 불구하고 다루기 쉽지 않습니다. 알아차리지 못해서이기도 하고요.

오래전에 들은 이야기를 하나 들려드릴게요. 몇 년 동안 수행한 승려가 이제는 하산을 해도 되겠다 싶어 산을 내려왔습니다. 집으로 가는 길에 시장통을 지나가게 되었습니다. 고요한 산속에 있다가 시끌시끌한 마을로 내려오니 정신이 없었지요. 날은 후덥지근하고 얼른 집으로 가고 싶은 마음은 굴뚝인데, 사람들로 북

적여 발걸음이 지체되었습니다. 승려의 마음에 슬슬 짜증이 일기 시작했습니다. 그런데 그때, 지나가던 사람 하나가 실수로 승려의 발을 밟았습니다. 너무 아픈 나머지 승려는 "아!" 하고 외마디 소리를 질렀지요. 화가 치밀어 오른 승려는 얼굴이 벌게져서 그 사람을 노려보았습니다. 순간 승려는 깨달은 바가 있어, 발걸음을 돌려 산으로 다시 들어갔습니다. 한 번 내는 화가 수년, 수십 년간의 선행과 수행을 무너뜨린다는 말이 있을 정도인데요. 화는 매우 주의해서 다루어야 합니다. 평소 화가 잘 나는 분이라면 다음의 내용을 한번 들여다보세요.

1) 화는 '내가 그러한 대접을 받을 만하지 않다, 왜 나한테 그러느냐'는 마음에서 옵니다. 내가 피해자라는 생각, 내가 당했다는 생각에서 오지요. 만약 내가 그 일을 초래했다면 화나 원망하는 마음이 일어나지 않습니다.

모든 일은 서로 연결되어 있어서 내가 그 일에 간접적으로라도 영향을 끼친 것이 없을 수 없는데, 내가 일으킨 부분을 모르기 때문에 화를 내는 것입니다. 그러니 화가 슬슬 나려고 하는 순간에 '내가 초래한 부분은 없는지, 내가 보지 못하는 것이 무엇인지' 생각해보는 것이 도움이 됩니다.

2) 나를 화나게 하거나 힘들게 하는 사람에게 대처하는 또 다른 방법은 그 사람의 위치에 나 자신을 넣어보는 것입니다. 무엇이 저 사람을 저렇게 행동하게 할까? 그는 행복하거나 기쁠까? 비참하거나 고통스러워할까?

그가 그렇게 계속한다면 어떤 결과가 일어날까요? 그는 앞으로 더 많은 어려움과 고통을 겪게 될까요, 아니면 점점 더 만족스럽고 행복한 삶을 살게 될까요? 우리가 만약 상대방의 고통과 혼란에 대해 정말로 이해한다면 분노로 대응할 가능성은 낮아질 것입니다.

3) 한편 타인은 우리의 취약점을 비추어 줍니다. 타인의 행위나 모습, 태도 등에서 너무나도 싫은 것, 짜증나게 하는 것, 보기 싫은 것이 있다면 정확히 들여다볼 필요가 있습니다. 오랫동안 내가 억압해왔던 것일 수 있고요, 나 자신의 것으로 도저히 받아들일 수 없는 것들일 수도 있습니다.

내게 유독 거슬리고 불편한 것일수록 나에 관해 많은 정보를 담고 있겠지요. 그러니 더 들여다보고 면밀히 검토해야 합니다. 그럴수록 우리 자신과 조화를 이루게 되고, 타인에 대해서도 있는 그대로 받아들일 수 있게 됩니다.

4) 화가 치솟아 어쩌지 못할 때, 죽음에 관한 명상을 하는 것도
도움이 됩니다. 우리에게 죽음은 예고 없이 언제든 찾아올 수
있습니다. 해결되지 않은 분노와 짜증에 휩싸인 채, 그 상태에
서 그대로 죽는다면 어떨까요? 내가 지금 미워하는 분노의 대
상도 마찬가지입니다. 갑자기 죽을 수 있습니다. 그 사람이 갑
자기 사망한다면 나는 어떻게 느낄 것 같나요? 평온할까요?
안타까움이나 후회를 느낄까요?

나를 힘들게 하는 사람이 있다면, 그 사람과 나의 경험을 분리
해 봅니다. 내가 경험하는 분노는 오랜 역사를 가지고 있습니다.
그 사람으로 인해 생겨난 것이 아니라, 이미 그전부터 나와 늘 함
께 있었던 것입니다. 그 사람이 죽는다고 해서 분노가 해결되는
것도 아닙니다.

5) 때로는 분노의 감정이 너무나 커서 앉아서 명상하기 어려울
수도 있습니다. 그럴 때는 자신이나 타인에게 말과 행동으로
해를 끼치지 않고 에너지를 누그러뜨리는 방법을 찾아야 합
니다. 산책이나 운동을 하는 것도 좋고요, 목욕을 하는 것도

도움이 됩니다. 요리나 청소 등을 하는 것도 좋습니다. 그런 뒤 마음이 좀 가라앉으면 다시 앉아 봅니다.

우울 다루기

우울에는 다양한 형태가 있습니다. 소중한 사람과의 이별, 상실, 실직이나 병에 걸린 상황 등 비교적 단기에 경험되는 우울과 유전적이고 생리학적인 원인 때문에 경험하게 되는 오랜 기간의 우울이 있지요. 후자의 경우에는 약물치료를 포함한 심리치료의 병행이 반드시 필요합니다. 하지만 명상으로 도움을 받을 수 있는 부분도 있는데요. 아래와 같은 방법들을 시도해보세요.

1) 우울은 대체로 자기 비판적 생각들이 반복되는 것과 관련이 있습니다. "나는 쓸모없어", "어느 누구도 나한테 관심이 없어", "나는 패배자야", "나는 가치 없어", "나는 잘하는 게 하나

도 없어", "나는 민폐야. 누구에게도 도움이 안 돼" 이런 생각과 감정이 곧 내가 아니라, 내 안에 들어 있는 부분들임을 알아차립니다. 나는 커다란 하늘이고, 이런 생각을 간직하고 있는 부분들은 구름이라고 상상해봅니다. 구름이 하늘을 완전히 덮을 수도 없고, 영원히 움직이지 않고 가만히 있을 수도 없습니다. 구름은 일시적이며 일부분입니다. 지금은 먹구름이 커 보이고 영원히 사라지지 않을 것 같아도, 결코 그렇지 않습니다. 시간과 함께 변화하고 사라지게 되어 있습니다. 우울한 가운데에도 기쁨의 순간이 있고 슬픈 가운데에도 웃는 순간이 있습니다.

우리 마음은 오직 다양한 경험의 끊임없는 흐름에 불과합니다. 좋은 것이든 싫은 것이든 계속 나타났다 사라지는 것이지, 어느 것도 절대적으로 뿌리박혀 있는 게 아닙니다. 하늘에 떠가는 구름과 같습니다. 어느 것이 하늘이고 어느 것이 구름인지 알아차리는 명상을 해보세요.

2) **열린 마음으로 받아들이도록 돕는 통렌 명상**: 내 안에서 가장 싫은 부분, 나의 약점이나 결점, 나를 힘들게 하는 감정이나 생각이 있다면 그것을 바라보세요. 그리고 들숨과 함께 더욱

깊이 들이마십니다. 나의 일부로 내가 순순히 받아들입니다. 나의 고통도 좋고 타인의 고통도 좋습니다. 들숨과 함께 깊이 받아들이다 보면 떨치거나 없애려고 애쓰지 않게 됩니다.

3) 한편 빛을 시각화하는 명상도 좋습니다. 눈을 감고 숨이 들어오면서 내 안에 빛이 차오르는 것을 바라봅니다. 샘물이 차오르듯, 빛이 조금씩 차오르면서 쓰라린 부분을 돌봅니다. 빛이 나의 아픈 부분을, 따뜻하게 어루만집니다.

극복이 아니라 이해

자기 안에 이상한 것이 있다고 생각하는 분들, 자신의 무의식에 대단한 결핍이나 장애가 들어 있어서 심리적으로 문제가 있는 것 같다고 말하는 분들에게 저는 이렇게 설명합니다.

"그런 것은 없습니다. 우리 내면에 모든 비밀을 감춘 시커먼 판도라의 상자가 있는 게 아닙니다. 내면으로 내려가다 보면 엄청나게 이상한 것이 나오는 게 아닙니다. 오히려 진실이 한 겹 한 겹 얼굴을 드러내지요. 실시간 우리가 경험하는 것들을 밧줄 삼아, 계속 깊이 파 내려가다 보면 어떤 바닥에 도달하게 되는데요. 거기에는 거대한 허공이 있습니다. 우리의 가장 밑바닥에는 모든 것을 아우를 수 있는 거대한 공간, 광대한 하늘이 있을 뿐입니다.

그게 우리 자신의 참마음입니다."

　심리상담이나 명상은 약점이나 단점을 고쳐서 더 나은 사람이 되도록 하는 것이 아닙니다. 다른 누군가가 된다는 것은 가능하지도 않거니와 어리석은 생각입니다. '나는 ○○○처럼 어떠어떠한 사람이어야 해'라고 억지로 누군가를 흉내 내며 따라 할수록, 그 대상과 나를 비교하면서 판단하고 평가하느라 초라해질 뿐입니다. 자기 자신으로부터 점점 멀어져 공중에 붕 뜬 채 허우적거리게 되지요. 그래서 저는 늘 '극복의 우화를 경계해야 한다'고 말하곤 합니다. 심리학이라고 쓰여 있지만 사실상 자기계발의 기술들을 담은 책들을 많이 읽은 분들은 자꾸 자기 자신을 극복하려고 합니다. 문제는 아는데 어떻게 고쳐야 할지 모르겠다고 생각합니다. 자기가 그려놓은 그림대로 통제되지 않아 급기야 자신을 비난하고 질책하고 비하합니다. 자기는 세모로 생겼는데, 네모가 되어야 멋지고 성공한 삶이라고 믿으면서 네모가 되기 위해 갖은 노력을 기울입니다.

　그런데 그런 분들을 만나 함께 탐색을 해보면, 정작 그분들이 '세모'로 생기지도 않았다는 사실이 드러납니다. 대개의 경우 '세모는 네모가 될 수도 없고 될 필요도 없다'는 것을 설명할 필요도 없습니다. 왜냐하면 이미 그분들이 세모가 아니니까요. 자기 상황에 대한 전제와 진단 자체가 틀렸다는 것이죠. 스스로 잘못된 진단명을 붙이고, 있지도 않은 문제를 없애려고 애를 썼으니 얼마나 힘들었겠습니까. 깜깜한 방에서 검은 고양이를 찾아내는 것은 어려운 일입니다. 하지만 그곳에 있지도 않은 고양이라면 훨씬 더 어려운 일이 되지요.

기쁨과 어려움 모두에 대해 마음을 여는 것

많은 분이 명상을 하면 기분이 좋아지고, 뭔가 행복한 느낌이 밀려올 거라고 기대합니다. 혹은 어떤 일을 겪더라도 감정에 동요하지 않고 제 갈 길 가는, 강한 멘털을 얻을 수 있다고 생각하기도 합니다. 그런 것을 기대한다면 며칠 하지 못하고 '뭐, 별 효과 없잖아! 내가 못하는 건가?'라는 생각 때문에 그만두게 될 겁니다. 명상은 마인드 컨트롤이 아닙니다. 불쾌한 감정을 덜 느끼고 자기 자신을 완벽하게 통제하기 위한 멘털 훈련은 더더욱 아니지요.

편안하고 즐겁든, 불편하고 괴롭든 거대한 하늘처럼 머무르는 것입니다. 좋다, 싫다 혹은 옳다, 그르다는 꼬리표를 붙이지 않고 무엇이 일어나든 우리 자신과 머무르는 것입니다. 본능적으로, 습관적으로 우리는 좋은 것을 끌어당기고 싫은 것을 피하려고 하잖아요? 그런 끌어당김과 피함 없이 오가는 것을 내버려 두는 겁니다. 내가 끌어당기거나 피하지 않으면 비로소 알게 됩니다. 내가 반응하지 않으면 모든 자극이 왔다가 간다는 것을 알아차리게 되지요.

행복한 기분을 느끼려고 명상하는 사람은 불편하고 괴로운 것을 견디기 어렵겠지요? 그만큼 보상을 받으려는 마음이 더 늘어날 것입니다. 막상 앉아서 명상을 하다 보면 다리도 저리고 등도 아프지요. 머리가 무겁고 마음이 답답할 수도 있습니다. 지루하게 느껴지거나 졸리기도 해서 '내가 이걸 왜 하고 있나?' 혹은 '언제쯤 잘 될까?' 하고 조급해지기 쉽습니다. 애초에 기대하던 행복감이나 충만감, 평정심이나 그윽한 기쁨과는 거리가 먼 경험이 될 수 있지요. 그래서 명상을 하기 전에 정확히 이해하고 시작하는 것이 중요합니다. 명상은 행복감을 불러일으키는 마법의 도구가 아니라, 삶의 기쁨과 어려움 모두에 대해 마음을 여는 것입니다. 온갖 경험들이 일어나는 상황에 대해 있는 그대로 머무르는 것이며, 싫든 좋든 자기 자신과 함께 있어 주는 것입니다. 결과적으로 자기 자신에 대한 참을성과 친절함이 늘어나게 됩니다.

9장 파도_
내가 가장 주의해야 하는
생각 습관은 어떤 것인가?

"파도가 하나 일렁이면,
천 개의 파도가 뒤따른다.
한순간 마음이 만들어낸 것은 수많은 일을 일어나게 한다."[19]

_케이잔 조킨

수행 4단계: 고요히 빛남

4단계는 신체 감각이 사라지며 묵조에 입문하는 수행으로 1회 40분~1시간 정도 진행합니다.

"당신이 만약 뭔가에 기대거나 매달리고 있으면 그것은 명상이 아니다. 주변 환경에 대해 알아차리고 있으므로 그것을 자기 몸과 같이 가만히 앉게 한다. 생각이 아니라, 다만 앉아 있음이 공성을 명상하는, 가장 직접적인 방법이다. 마음이 더 고요하고 잔잔해질 수록 당신의 접근은 더 이완되고 편안해지며 신체 감각이 사라지기에 이른다. **바로 이 지점에서 당신은 과거, 현재, 미래에 대한 생각으로부터 자유로워지는 '묵(默)', 모든 집착에서 자유로워지고 명료해지는 '조(照)'의 수행에 입문하게 된다.**" [20]

이렇게 4단계에 이르러 본격적인 명상에 접어들게 됩니다. 가만히 앉아, 앉아 있는 몸 전체에 주의를 둡니다. 지금 여기 앉아 있다는 것을 매우 명료히 알아차리는 것, 이것이 빛남(조)입니다. 고통, 뻐근함, 찌릿찌릿함과 같은 감각에 마음이 산란해지지 않는 것, 특정한 것에 반응하지 않는 것, 이것이 고요함(묵)입니다. 알아차리되 고요함, 이 두 가지가 다만 앉음, 묵조선 수행입니다. 고요히 빛남, 그 자체인 것이지요.

이처럼 완전히 내려놓고 좌선을 할 때는, 일어나는 모든 것들이 우리 삶의 배경처럼 보이게 됩니다. 이것이 사물의 가장 근본적인 모습이며 중국에서는 찬, 일본에서는 젠, 한국어로는 선(禪), 산스크리트어로는 dhyana라 합니다. 선승들은 "깊은 하늘은 떠가는 구름을 가로막지 않는다"고도 했습니다. 고요히 빛남(묵조)은 모든 것을 좌선의 자세에 맡기는 것입니다. '이렇게 해야 돼, 저렇게 해야 돼' 하며 해결책을 찾으려는 애씀 없이 모든 것을 일어나는 대로 가도록 내버려 두는 것입니다. 다만 앉음, 이것이 지관타좌(只管打坐)입니다. 우리가 이러한 태도로 좌선을 할 때, 거기에는 깨달음을 얻는다든지 마음을 더 낫게 개선한다든지 하는 인위적인 환상을 충족하려는 목적은 더 이상 존재하지 않게 됩니다.

우리는 앞에서 1단계의 이완, 2단계의 '몸과 마음이 하나 됨', 3단계의 '자기와 주변 환경의 하나 됨'에 대해 살펴보았습니다.

이러한 단계별 접근은 조동종의 묵조선(默照禪) 수행을 체계적으로 정리한 성엔(聖嚴)선사의 3단계 방법을 초심자에게 맞도록 풀어낸 것입니다. 성엔에 따르면 '이완'은 예비 단계에 해당하고, 1단계가 심신의 하나 됨 경험, 2단계가 자기와 환경의 하나 됨 경험, 3단계가 광대한 경계 없음의 경험입니다. 최종 단계에 이르러 우리는 모든 것의 세세한 알갱이들을 명확히 알아차리면서도 그것에 이끌리거나 방해받지 않게 됩니다. 흐트러지고 산만한 마음을 본래의 하나 됨으로 통합할 수 있는 수행법이지요. 또한 이 방법은 우리에게 많이 알려져 있는 집중명상(사마타)과 통찰명상(위빠사나)의 요소를 동시에 포함합니다.

물론 이렇게 단계별로 설명한 것은 명상을 처음 접하는 분들에게 이해가 쉽도록 풀어낸 것이지, 기계적으로 나누어 말할 수 있는 것은 아니며, 반드시 4단계까지 나아가야 하는 것도 아닙니다. 여기서 가장 중요한 것은 이완이 충분히 되지 않으면 이후 단계로 나아갈 수 없다는 점, 그리고 '앉아 있는 몸 전체의 감각'을 기준점으로 삼아 심신을 통합하고, 그다음에는 심신과 주변 환경까지 하나로 통합해 본래의 하나 됨을 회복한다는 것입니다.

상황에 따라 1단계의 이완만 해야 할 수도 있고, 1단계와 2단계로만 수행을 할 수도 있습니다. 그렇다고 해도 충분히 좋은 명상이 됩니다.

가짜 명상

"참된 본래의 상태란 만들어질 수 없다. 그러면 우리는 무엇을 해야 할까? 만들기를 그만두는 것이다. 지금 이 순간 우리가 자신에 대해 경험하는 것은 우리 자신이 만들어낸 산물이다." [21]

_제프리 슈겐 아놀드

가부좌를 틀어 움직이지 않고 가만히 앉아 있다고 해서 모두 명상은 아닙니다. 들숨, 날숨, 다시 들숨과 날숨……. 겉으로는 호흡에만 전념하는 것처럼 보이지만 명상이 아닌 경우도 많이 있습니다. '나는 강하다!', '나는 결국 해낼 거야!', '나에게 상처 줄 수 있는 것은 아무것도 없다!'와 같이 뭔가 주문을 걸면서 마음을 코팅하는 것은 명상이 아니라 최면입니다. 마음을 특정 방향으로 끌고 가거나 긍정적인 생각으로 가득 채우려 애를 쓰는 것이 아니라 '놓아버리는 것'이 명상입니다. 어떤 것으로부터 마음을 닫거나 돌리는 것이 아니라 있는 그대로의 마음을 활짝 여는 것입니다. 그 차이가 느껴지시나요?

좋은 것과 바람직한 것, 내가 원하는 것을 정해놓고 그쪽으로만 주의를 집중하고 마음을 이끌려면 상당한 에너지가 들어갈 것입니다. 아무리 얼굴에 미소를 담고 의기양양한 표정을 지어도 그런 통제는 지속하기 어렵습니다. 최면은 오래 가지 않지요. 명상이 아니라 최면을 해놓고 '아, 나는 명상이 잘 안 되는구나!', '나한테는 별 효과가 없다'고 말하는 경우가 많이 있습니다. 원하는 결과를 정해놓고 그쪽으로 마음을 끌고 가는 것은 명상이 아닙니다. 마인드 컨트롤이나 주의력 훈련이라고는 말할 수 있겠죠.

물론 주의 집중이 어려운 시대에 집중을 훈련하는 것도 나름의 의미는 있습니다. 공부를 더 잘하기 위해, 생각을 더 잘하기 위해, 일을 더 잘하기 위해 주의 집중을 훈련할 수 있을 테니까요. 하지만 집중 그 자체가 좋은 것은 아닙니다. 해로운 집중도 많지요. 강박적인 생각이나 행동도 일종의 해로운 집중입니다. 계획범죄를 하는 사람 또한 타인에게 복수를 하거나 나쁜 일을 하기 위해 치밀한 준비를 하면서 매우 집중하지요. 그러니 집중이 이롭거나 해로운 것은 '무엇'에 집중하는가 하는 집중의 대상에 달려 있습니다. 지금 내 안에 불쾌한 감정이 올라왔을 때 '지금 이것은 어떤 경험인가?' 하고 내 현실에 집중하면 그것은 이로운 집중입니다. 하지만 '누구 때문에 지금 이 불쾌한 감정이 느껴지지? 아, 바로 저 사람이 그 말을 했기 때문이구나!' 하고 바로 타인을 집중의 대상으로 정해 그 사람에 대한 비난으로 머릿속이 꽉 차 있다면 해로운 집중입니다. '나의 불쾌감'이라는 현실에서 도망가기 위해 집중을 이용하는 것이기 때문입니다.

바른 집중

명상에서도 마찬가지입니다. 내 현실에서 느껴지는 것들이 끔찍하거나 싫어서, 다른 데로 도망가기 위해 명상적 집중을 이용한다면 그것은 가짜입니다. 최면처럼 당장은 마음이 편해질 것 같아도 장기적으로는 도움이 안 됩니다. 이로운 방향으로 집중을 기르고 싶다면, 오히려 피하고 싶은 대상에 다가가야 합니다. 지금 내 현실에서 두드러지는 고통이나 불편함이 있다면 그것을 기꺼이 껴안아 명상 안으로 가져와야 합니다. 그것이 참된 명상이며 수행입니다.

그러면 집중의 대상을 어떻게 선택해야 하는지 좀 더 살펴볼까요? 강박이나 중독의 경우를 한번 보십시오. 우리가 강박이라고 할 때는 원치 않는 것 혹은 해로운 것이나 아무런 도움이 안 되는 것에 매달려 무한 반복하고 있음을 의미합니다. 중독 역시 마찬가지입니다. 처음에는 원해서 하게 되었지만, 점점 더 높은 강도의 쾌감을 바라게 되어 행동의 빈도나 강도를 늘리다가 결국에는 전혀 즐겁지 않고 좋지 않아도, 심지어 혐오스럽게 느껴지고 불쾌감이 느껴져도 하게 되는 것입니다. 공통점이 보이시나요? 강박과 중독은 둘 다 '원치 않는 대상'에 집중하는 것이라고 말할 수 있습니다.

왜 원치 않는 대상에 집중하게 되었을까요? 그렇게 되기까지는 다양한 요인들이 얽혀 있지만 그 시작점에는 '뭔가를 피하고 싶다'는 마음이 있습니다. 스멀스멀 온몸을 타고 올라오는 것 같은 불안, 혼자 소외될 것 같은 두려움, 버려질 것 같은 공포, 쓸모없거나 부담스러운 존재로 느껴질 것 같은 수치심, 모멸감과 열등감, 적개심과 분노, 아무것도 하지 못할 것 같은 무기력감 등 다양한 감정과 생각들 중 하나가 그 '뭔가'일 수 있고요. 몸에서 느껴지는 막연한 불쾌감이나 압박감, 숨 쉬기 힘든 느낌, 찌르는 것 같은 통증, 쓰라림 혹은 멀미와 같은 감각이나 느낌일 수도 있지요. 그게 정확히 무엇인지 모르기 때문에 피하고 달아나는 데에 더 많은 에너지가 들어갑니다. 어두운 밤거리에서 정체 모를 괴한에게 쫓기는 것처럼, 알기도 전에 무조건 피하려고 하는 겁니다. 그런 경향이 우리 모두에게 있습니다. 하지만 사람에 따라 그런 경향이 일어나는 정도나 양상은 다양합니다.

만약 '아, 내가 A를 느끼지 않으려고, A 경험을 피하려고 지금 껏 B에 매달려왔구나'라고 그 연결고리를 명확히 알아차리게 되면 강박이나 중독 행동인 B가 훨씬 줄어듭니다. 어렴풋이 알겠는데 정확히, 깊이 알지 못하면 B를 지속하면서 A를 주시하는 정도로 유지될 수도 있습니다. 이보다 더 나아가서 A를 완전히 들여다보겠다고 마음을 먹게 되면 B 행동은 놀랄 만큼 그 강도나 빈도가 줄어들게 됩니다. 명상과 같은 수행을 통해 A 경험에 깊게 들어가 그 안에서 머무르고 함께해 완전히 받아들이게 되면 B 행동은 필요가 없게 되어 끊어집니다. 물론 간단해 보이지만 실행에 옮기기 쉽지만은 않습니다. 왜냐하면 B 행동을 오랜 기간 반복해오면서 우리 몸의 신경체계, 보상시스템에 이미 흔적이 남았기 때문이지요. 몸의 균형이 많이 깨졌기 때문에 오래 해온 행동을 단번에 끊기란 어렵습니다. 그렇다 하더라도 A 경험에 접촉하면서 있는 그대로 만나고 머무르는 수행을 계속 하다 보면 점차 B의 힘은 약해지고 시들해져 사라집니다. 생각이든 말이나 행동이든, 내게 익숙한 해로운 패턴을 버리고 이로운 패턴으로 대체하기까지는 충분한 시간이 필요합니다.

지관타좌

완전히 하나로 녹아 들어가 전념하고 있지만 다른 것을 듣지 못하는 폐쇄적인 마음이 아니라 오히려 주위의 모든 것에 마음이 열려 있는 상태, 이런 것을 경험해보신 적이 있으신가요?

교토의 어느 오래된 절에 갔을 때의 일입니다. 승려 한 분이 싸리비를 들고 사찰 입구에서부터 진입로를 따라 낙엽 깔린 바닥을 쓸고 있었습니다. 멀리서 보면 마치 기계에 달린 빗자루가 좌우로 움직이듯, 그 움직임이 놀라울 정도로 규칙적이었습니다. '촤악, 촤악' 빗자루가 쓸고 지나간 자리에는 똑같은 간격으로 호가 그려져 있었죠. 한 발, 한 발 정교하게 내딛으며 정확한 각도로 움직여 나가는 승려의 모습을 저도 모르게 물끄러미 바라보 있습니다. 동작은 정교하고 규칙적이었지만 묘하게도 매우 따뜻한 느낌이 들었습니다. 승려에게 말을 걸면 그대로 답을 해줄 것 같았지요. 나는 그래서 공연히 말을 걸어보았습니다.

"저기, 지금 들어가도 되나요? 조금 일찍 왔는데요."

아니나 다를까, 승려는 마치 기다리기라도 했다는 듯이 환히 웃으며 답해주었습니다.

"아, 5분 일찍 오셨네요. 미안하지만 입구에서 조금만 기다려 주세요."

그러고 나서 아무 일도 없었다는 듯 다시 비질로 돌아갔습니다. 같은 자세로 돌아간 그는 역시 같은 각도로 호를 그리며 한 보 한 보 나아갔지요. 세상에 가치 있는 일이란 오직 그 비질밖에 없다는 듯이, 몸과 마음을 다해 비질을 하는 것이 느껴졌습니다. 순간 착각이 들 정도였습니다. 조금 전에 내게 친절하게 말한 사람이 그가 맞는지, 내가 상상을 한 것은 아니었는지 말이지요.

그가 비질을 마치고 걸어와 입구에 도착한 시각은 딱 정각이었습니다. 참배객을 위해 절을 개방하는 오전 9시. 그는 언제 싸리비를 들었냐는 듯이 환한 얼굴로 문을 열어주었습니다. 10년도 더 된 일이지만, 자주 떠오르는 풍경입니다. 아마 그의 몸에 밴 것이 '지관타좌'가 아닐까 생각합니다. 지관타좌란 '다만 앉는 것'인데요.

좌선을 할 때는 어떠한 기대도 목표도 없이, 다만 앉습니다. 목적과 목표에 중독된 우리는 "내가 이걸 왜 하지?"에 대해 뚜렷하게 말하지 못하면 마치 뭔가 잘못하고 있거나 시간 낭비인 것처럼 생각하는 경향이 있지요. 그러다 보니 무엇을 하든 그 '무엇'에 전념하기 어렵고 '이렇게 하는 게 맞나? 잘하는 게 맞나? 잘되고 있나?' 계산하고 비교하고 기대하면서 마음이 산란해집니다. 그러면서 행위의 그윽한 맛과 향기를 놓치게 되지요. 좌선이 어떻게, 왜 좋은지는 사실 설명이 불필요합니다. 아무리 설명을 들어도 앉아보지 않은 사람은 모를 것이고, 계속 앉아본 사람만 알 수 있을 테니까요. 우리가 왜 좌선을 해야 하는지, 어쩌면 그에 대한 대답이 지관타좌에 들어 있습니다.

차창 밖 풍경

내가 일으키는 생각이 있고 저절로 일어나는 생각이 있습니다. 심리학에서는 의식적(conscious) 생각, 무의식적(unconscious) 생각이라고 구별하지요. 무의식이란 무엇일까요? '무의식'이라는 용어를 가장 먼저 쓴 학자는 다윈과 프로이트라고 할 수 있는데요. 무의식에 관한 연구로 널리 알려진 심리학자 존 바그의 설명[22]에 따르면, 본래 '무의식적(unconscious)'이라는 용어는 내가 무언가를 의식하지 못했거나 알아차리지 못하는 영역에 대해 말하는 것이 아니라 의도하지 않았는데 일어난 행위(unintentional actions)에 관한 것입니다. 다시 말해서 '무의식적으로 내뱉은 말'이라고 하면 '나도 모르게 그 말을 내뱉었어' 혹은 '왜 내가 그 말을 했는지 모르겠어'라기보다는 '의도하지 않았는데 그 말이 나와 버렸어'에 더 가깝습니다.

우리가 의도하지 않아도 생각은 일어납니다. 우리 몸 여러 기관에서 끊임없이 호르몬이 분비되듯, 뇌에서는 지속적으로 생각이 분비됩니다. 공기 중에 떠도는 먼지처럼 우리 마음에는 늘 생각의 파편들이 떠다니죠. 원치 않는 생각에 시달리기도 하고요. 무슨 생각에 빠져 있는지 모르고 있다가 뒤늦게 알아차려 깜짝 놀랄 때도 있습니다. 이처럼 자기가 의도하지 않았고 주도하지 않은, 저절로 일어난 생각에 대해서는 어떻게 대처해야 할까요?

"여행자가 기차를 타고 도심과 시골을 지나갈 때, 창밖으로 보이는 풍경이 기차의 속도를 늦추지 않고, 기차가 풍경에 영향을 끼치지도 않는다. 기차와 풍경은 서로 방해하는 법이 없다. 이것은 우리가 명상을 할 때 생각을 바라보는 방법이다."[23]

딜고 켄체(Dilgo Khyentse) 린포체의 말씀에 답이 모두 들어 있는데요. 기차여행을 하는 장면을 한번 상상해보세요. 창밖으로 멋진 풍경이 펼쳐집니다. 산꼭대기에 눈이 가득 쌓인 모습일 수도 있고, 빽빽한 숲이나 나무들, 아니면 한산한 시골 마을 풍경이 눈에 들어옵니다. 그런데 창밖으로 보이는 풍경에 따라 기차의 속도가 달라지나요? 차창으로 구름이 많이 보일수록 기차가 천천히 달리나요? 아니지요. 풍경은 결코 기차를 방해하지 않습니다. 기차는 기차대로 제 갈 길을 갈 뿐입니다. 물론 기차가 구름을 헤집어 놓는다거나 멀리 있는 나무들을 쓰러뜨리면서 가지도 않지요. 풍경이 기차를 방해하지 않듯, 기차도 풍경을 방해하지 않습니다. 이때, 생각이 풍경이라면, 우리 마음은 기차의 유리창이지요.

매일의 수행

"인간의 마음은 특정한 형태를 갖지 않습니다. 당신이 무언가를 할 때만 나타나는 존재 상태입니다. 일시적 존재 상태는 모든 살아 있는 존재들과 상호 의존합니다. 그래서 끊임없이 움직이고 변화합니다. 마음에 대한 심리학적 설명이 복잡한 것은, 바로 이러한 이유 때문입니다."[24]

카타기리 선사의 말씀처럼 의식은 움직임 가운데에만 존재합니다. 마음은, 의식은 고정되어 있는 것이 아닙니다. 자아는 단독으로 존재하지 않습니다. 그래서 우리가 나 자신에 대해 이해하려면 움직임을 가만히 들여다볼 필요가 있습니다.

예를 들어, 호흡도 마찬가지입니다. 자신의 몸과 마음을 호흡

에 맞추어 리듬을 탑니다. 호흡을 통제하려 들면 '나'와 '내 호흡'
이 분리된 것처럼 여기게 됩니다. 본래 둘이 아닌 것이 둘이 되어
버리는 것이죠. 그러니 호흡이 이렇다 저렇다 판단하지 말고, 그
저 계속 숨을 쉽니다. 거기에는 주체와 행위가 따로 없습니다. 끝
없는 움직임 그 자체인 삶의 에너지만 흐릅니다.

마음은 끊임없이 움직이고 거기에는 붙잡을 만한 어떠한 고정
된 형체도 없습니다. 그래서 공성이라고 부릅니다. 이분법도 차
별도 없이 완벽한 평화와 조화가 있는 광대함이기도 합니다. 우
리가 생각을 시작하기 전에, 우리 삶은 이미 거기에 있었습니다.
그러니 삶의 진실을 알기 위해서는 딱 하나가 필요합니다. 지금
여기에 온전히 있는 것입니다.

우리의 일상적 행위 하나하나가 위대한 수행의 기회입니다.
매 순간 우리는 그것과 하나가 될 수 있습니다. 우리가 걸을 때는
걷는 행위가 되고 밥을 먹을 때에는 밥 먹는 행위가 됩니다. 청
소를 할 때는 청소와 하나가 되고 대화를 할 때는 대화와 하나가
됩니다. 그러면 '나'와 내가 아닌 것 사이에서 괴로워할 일이 줄
어들게 됩니다.

오고 가는 것에, 생겨나고 그치는 것에, 순간순간에 온 마음으
로 참여합니다. 그렇게 하다 보면 '나'라고 하는 개념이 떨어져
나갑니다. 이것이 자기중심성을, 나를 잊는다는 것입니다. 진실로

긍정적으로 살아가기 위해서는 어떤 결과를 기대함 없이 긍정적으로 살아야 합니다. 무엇을 하든 아무것도 예상하지 말고 그저 온 마음을 다해 자신을 내던지는 것, 그것이 수행입니다.

잘죽고잘사는법

며칠 전 밤에 4시간 정도 카페에서 딸을 기다리며 해야 할 일이 있었습니다. 넓은 카페임에도 자리가 꽉 차서 한 자리 비어 있는 것을 겨우 발견하고 노트북을 펴 일을 하다 보니 문득 에어컨 바람에 춥다는 것을 알게 되었죠. 옷을 껴입었지만 아무래도 추워서 카운터로 갔습니다. 주문이 많아 바쁜 직원은 힐끗 쳐다보며 "어느 자리요?" 하고는 알았다고 했습니다. 하지만 5분이 지나고 10분이 지났어도, 에어컨 바람에 책장이 너풀거리는 정도는 그대로였습니다. 저는 다시 카운터로 갔지요. 직원은 보이지 않았습니다. 커튼 안쪽에서 재료를 준비하는 듯했습니다. 수십 명의 손님을 상대로 일을 하는 직원은 마치 고립된 정글에서 홀로 전투를 치르는 군인처럼 음료를 만들고 빵을 꺼내고 접시에 휙휙 담더니 곧장 싱크대로 가서 쌓여 있는 수많은 컵이며 포개진 접시들을 씻기 시작했습니다. 싱크대 바로 옆으로, 에어컨을 조절하는 스위치 십여 개가 나란히 벽에 붙어 있는 것이 보였습니다. 직원이 허락하기만 한다면, 슬쩍 들어가 전원 버튼을 끄고 싶은 심정이었죠. 직원은 저를 한번 힐끗 보고 말없이 계속 설거지를 했습니다. '나 이렇게 바쁜 거 안 보이냐?'고 온몸으로 얘기하고 있었기에 저는 그가 안쓰러워 자리로 돌아왔습니다. 1시간, 2시간이 지났습니다. 그는 여전히 바쁘고 에어컨 끄는 것은 잊어버린 모양이었습니다. 나는 3시간쯤 집중해서 일을 하느라 잠시 바람을 잊었다가 마침 빈 테이블을 발견하고는 자리를 옮겼지요. 에어컨 바람이 없는 자리에서 1시간쯤 더 일을 하고 카페를 나왔습니다.

만약 제가 '에어컨을 무조건 꺼야 한다'는 생각에 집착하고 있었다면 그때 아마 불쾌한 감정을 느꼈을 것입니다. 그 때문에 일에 몰두하지 못했겠죠. 한술 더 떠서 '저기 저 벽에 있는 에어컨 전원을 간단히 끄고 다른 일을 하면 될 텐데 일부러 안 하는 걸까?'라든지 '저 사람이 나를 무시하는 걸까? 본때를 보여주겠어'라는 억지스런 생각이 있었다면 화를 냈을 수도 있습니다.

불쾌한 감정이 들지 않았던 것은, 에어컨 바람으로 인한 불편함보다 혼자서 수십 명의 손님을 상대하며 허덕이는 직원에 대한 안쓰러움을 더 크게 느꼈기 때문입니다. 하지만 그보다 더 큰 이유는 '세상의 일을 통제할 권리가 내게는 없다'는 것을 평소 자주 염두에 두기 때문입니다.

우리는 대체로 삶의 반대가 죽음이라 생각하고 몸의 죽음은 끝이라고 믿기 때문에 몸의 생리적 반응에 민감하게 대처할 수밖에 없지요. 몸에 불리한 일은 곧 나에게 불리한 것으로 여기며, 불편하거나 불쾌한 자극은 빨리 떨쳐내려 합니다. 특히 신경증 수준이 높거나 특성 불안이 높은 사람들은 이런 불쾌감을 더 크게 인식하기 때문에 '당장 문제를 없애거나 해결하지 않으면 안될 것 같은' 느낌으로 주의가 좁아져 '타인에게는 다른 입장이 있을 수 있다'는 사실을 잊어버리기 쉽습니다. 자신의 감정, 통증, 불편함, 불쾌감으로 시야가 좁아져 타인의 입장이나 전체 맥락으로 관점을 조금도 이동시키지 못합니다. 이러한 경향성이 자기중심적으로 감정을 증폭시키면서 수많은 생각을 일으켜 종종, 상황과 아주 동떨어진 공격적 말과 행동을 하게 만듭니다.

강렬한 감정에는 늘 두 가지가 들어 있습니다. 자기중심성과 생존본능입니다. 이 두 가지는 우리가 의식하거나 노력하지 않아도 끝없이 가동되는, 저렴한 모터라고 할 수 있지요. 어려운 책을 읽거나 억지로 타인을 이해하려고 애쓰는 것과 달리 인지 비용이 거의 들지 않기 때문에 특별한 불쾌감을 불러일으키지 않아서 당연하게 여깁니다. 하지만 역설적이게도, 그 자동성 때문에 오작동하기도 쉽습니다. 자기중심성과 생존본능이 지나치게 가동되면 오히려 자기를 해치는 생각과 말, 행동을 자주 하게 되지요. 감정조절장애, 강박장애, 불안장애, 공황장애를 비롯한 여러 가지 문제들이 이런 현상과 관련이 있습니다. 이런저런 치료법들이 있지만 가장 근원적인 방법은 그 병리를 움직이는 모터, 자기중심성과 생존본능을 면밀히 들여다보는 것입니다. 자기중심성 안에 들어앉아 있는 '자기'라는 전제, 생존본능 안에 내재해 있는 '삶과 죽음'이라는 전제를 원점에서 검토하는 일이 어쩌면 근원적 치료라고 할 수 있습니다. '나'라고 하는 게 뭐기에 그렇게 많은 에너지를 쓰면서 지키려 하는 걸까요?

생각과 감정으로 힘들어하는 많은 분들은 마치 자신에게 근본적으로 무슨 문제가 있거나, 과거에 있었던 일이나 경험, 상황이 지속적으로 부정적인 영향을 끼치는 것이 아닌지 의문을 갖습니다. 성격 검사를 하고 심리상담을 받거나 책을 읽으면서 문제의 원인을 찾아내어 하나의 스토리로 대충 정리를 해놓으면 희한하게 또 다른 문제가 생겨납니다. '그게 전부가 아니었나?' 싶어서 다시 문제를 이해하기 위해 또 다른 원인을 찾아내어 연결해 놓으면 나의 노력을 조롱이라도 하듯 또 다른 문제가 발견됩니다.

왜 그럴까요? 원인을 찾아 내게 그럴듯한 심리학적 꼬리표를 붙인다고 해서 즉시 나의 행동이 달라지고 삶의 질이 나아지는 것이 아니기 때문입니다. '안다고 해서' 변화하는 것은 아닙니다. 아는 것이 도움이 될 때도 있지만, 변화와 무관할 때도 있습니다.

그렇다면 변화는 어떻게 가능할까요? 내가 어느 쪽으로 치우쳐져 있는지 이해하는 것은 중요합니다. 어떨 때 흥분하고 어떨 때 힘이 빠지고 가라앉는지 알아차리는 것은 중요합니다. 관심을 갖고 내 반응을 관찰합니다. 수행을 통해 매 순간 자신의 경험과 반응을 잘 관찰해보면 어떤 틈 같은 것을 발견할 수 있습니다. 그 틈은 죽음과 삶이 교차하는 공성이라고 할 수 있습니다. 아무것도 아니기 때문에 그 무엇도 될 수 있어서 공성이지요. 지금 어떤 감정, 어떤 생각에 초점을 맞추느냐에 따라 다른 말, 다른 행동을 하게 되니 그렇게 우리는 매 순간 죽고 다시 태어납니다. 이 무수한 생사는, 우리 몸이 최종적으로 죽음을 맞이할 때 경험하게 되는 풍경에 매우 많은 영향을 끼치게 됩니다.

혹독한 공황장애로 힘든 어린 시절을 보냈던 티베트 승려 욘게이 밍규르(Yongey Mingyur) 린포체는 안전과 안정에 대한 인간의 본능적 추구를 거스르고 스스로 변화에 몸을 던지는 방법으로 방랑수행을 떠난 적이 있습니다. 길에서 자고 음식을 구걸해 먹으면서 극단적인 방법으로 과거의 자신을, 익숙한 생활 습관을 죽이려 했죠. 린포체의 저서 《우리는 날마다 죽는다》에는 어떻게 우리가 매 순간 자신을 적극적으로 죽이고 새로 태어날 수 있는지 그 경험과 원리가 상세히 담겨 있습니다.

'내 생각, 내 감정, 내 욕망, 내 이미지'에 대한 집착으로 고통받는 사람에게 필요한 것은 역설적이게도 '죽음'입니다. 자기의 죽음, 에고의 죽음, 관념의 죽음이지요. 마음은 본래 특성이 없습니다. '내 심리가 이렇다', '저 사람 심리가 저렇다'는 아주 일부만 보고 붙인 꼬리표에 불과합니다. 성격이 이러저러해서, 과거에 힘든 일을 겪어서, 애착에 문제가 있어서 등등의 평가와 판단으로 덮어버리지 말고 직접 그 무한한 마음을 느껴보세요. 틈을 알아차리고 멈춰보세요. 생각과 감정을 바꾸려 하지 말고, 그대로 멈추어 잠깐만 머물러보세요. 한번 해보면 여러 번 할 수 있게 됩니다. 그렇게 나 자신이 공성으로 존재하는 순간을 구체적으로 알아차릴 수 있다면 여러분을 방해할 수 있는 것은 아무것도 없습니다.

주석

1) Morita, S. (1928/1998) Morita therapy and true nature of anxiety-based disorders (shinkeishitsu). (Kondo, A., Levine, P. Albany, Trans.). State University of New York

2) 죽첸 폰롭. (2006). 티벳 死者의 여행 안내서 (최람, 이균형 역). 정신세계사, p. 367.

3) Aldao, A., Nolen-Hoeksema, S., & Schweizer, S. (2010). Emotion-regulation strategies across psychopathology: A meta-analytic review. Clinical psychology review, 30(2), 217-237.

4) Katagiri, D. (2017). The Light that Shines through Infinity written. Shambhala Publications. Editor's preface.

5) Katagiri, D. (2017). The Light that Shines through Infinity. Shambhala Publications, p.31.

6) Katagiri, D. (2017). The Light that Shines through Infinity. Shambhala Publications, p.165.

7) Loori, J. D. (Ed.). (2004). The art of just sitting: essential writings on the Zen practice of Shikantaza. Wisdom Publications. p.84.

8) Benjamin, W., & Zohn, H. (1963). The story-teller: Reflections on the works of Nicolai Leskov. Chicago Review, 16(1), 80-101.

9) Yeats, W. B. (1961). The philosophy of Shelley's poetry. Essays and introductions, 65-95.

10) Okumura, S. (1999). To study the self. Soto Zen Journal, 5, 14-19.

11) Riva, F., Triscoli, C., Lamm, C., Carnaghi, A., & Silani, G. (2016). Emotional egocentricity bias across the life-span. Frontiers in aging neuroscience, 8, 74.

12) Leighton, T. D., & Wu, Y. (2000). Cultivating the empty field: The silent illumination of Zen master Hongzhi. Tuttle Publishing, p.24.

13) Nishijima, G. W., & Cross, C. (2008). Shobogenzo: The True Dharma-Eye Treasury, Volume 3. Berkeley: BDK America, p.309.

14) Loori, J. D. (Ed.). (2004). The art of just sitting: essential writings on the Zen practice of Shikantaza. Wisdom Publications, p.150.

15) Suzuki, S. (2003). Not always so: Practicing the true spirit of Zen. HarperOne, p.144.

16) Katagiri, D. (2017). The Light that Shines through Infinity. Shambhala Publications. p.38.

17) Chödrön, P. (2013). How to meditate: A practical guide to making friends with your mind. Sounds True, p.151.

18) Peterson, C. K., & Harmon-Jones, E. (2012). Anger and testosterone: Evidence that situationally-induced anger relates to situationally-induced testosterone. Emotion, 12(5), 899-902; Fischer, L., Clemente, J. T., & Tambeli, C. H. (2007). The protective role of testosterone in the development of temporomandibular joint pain. The Journal of Pain, 8(5), 437-442.

19) Loori, J. D. (Ed.). (2004). The art of just sitting: essential writings on the Zen practice of Shikantaza. Wisdom Publications, p.42.

20) Yen, S. (2008). The method of no-method: The Chan practice of silent illumination. Shambhala Publications, p.26.

21) Loori, J. D. (Ed.). (2004). The art of just sitting: essential writings on the Zen practice of Shikantaza. Wisdom Publications, p.173.

22) Bargh, J. A., & Morsella, E. (2008). The Unconscious Mind. Perspectives on psychological science : a journal of the Association for Psychological Science, 3(1), 73–79.

23) Khyentse, D., & Sangye, P. (2006). The hundred verses of advice: From Padamva Sangye to the people of Tingri. Shechen Publications, p.76.

24) Katagiri, D. (2017). The Light that Shines through Infinity. Shambhala Publications, p.123.

후회와 불안에서 벗어나 지금을 살기 위한 심리학자의 마음 수행 가이드
생각이 너무 많은 나에게

초판 1쇄 발행 2024년 7월 15일
초판 2쇄 발행 2024년 8월 16일

지은이 변지영
펴낸이 민혜영 | **펴낸곳** 오아시스
주소 서울 마포구 월드컵로 14길 56, 3~5층
전화 02-303-5580 | **팩스** 02-2179- 8768
홈페이지 www.cassiopeiabook.com | **전자우편** editor@cassiopeiabook.com
출판등록 2012년 12월 27일 제2014-000277호

ISBN 979-11-6827-196-8   03100